NICHOLAS PESCH

Ich bin alles, nur nicht busy

NICHOLAS PESCH

Ich bin alles, nur nicht busy

49 Impulse für bewusstes Leben und Arbeiten

HERDER

FREIBURG · BASEL · WIEN

Für Eva und Constantin

In Dankbarkeit all meinen Lehrern,
ohne die ich noch immer nicht wüsste,
dass ich ein Reisender bin.

Mein tiefer Dank vor allem an Irma Daza,
Jeanne Hay, Sandra Maitri, Sandy Marcus,
Hameed Ali und Daniel Brown.

MIX
Papier aus verantwortungsvollen Quellen
FSC
www.fsc.org
FSC® C083411

www.herder.de

Umschlaggestaltung: Verlag Herder
Umschlagmotiv: © Henry Olden/shutterstock

Satz: Carsten Klein, München
Herstellung: CPI books GmbH, Leck

Printed in Germany

ISBN 978-3-451-60030-2

Inhalt

Vorwort: Zwei Welten

Vor einigen Jahren hatte ich ein einschneidendes Erlebnis: Ich besuchte übers Wochenende einen alten Freund, und er nahm mich am Samstag mit zum Einkaufen. Da stand ich nun im Supermarkt und war völlig überwältigt. Ich sah die Auslagen voller Obst und Gemüse, die Kühlregale voller Milchprodukte, die Regale voller Konservendosen und Süßigkeiten, die Drogerieabteilung voller Putzmittel, Pflegeprodukte, Make-up und Windeln. Ich realisierte schlagartig: Ich war mindestens ein halbes Jahr nicht mehr in einem Supermarkt gewesen. Der normale Mensch macht am Samstag ganz normale Dinge. Einkaufen im Supermarkt. Auto putzen. Grillen im Garten. Ausflug an den See. Und ich? Was machte ich eigentlich?

Damals spielte sich mein Leben ausschließlich im Flieger, in Airport-Lounges, Hotels und in irgendwelchen Meeting- oder Seminarräumen ab. Meine Samstage waren nicht anders als meine Montage, Dienstage oder Freitage. Die Businesswelt war meine einzige Realität. Mit einer Ausnahme: meine Retreats.

Wann immer ich eins der Retreat Center oder Klöster in Kalifornien, Israel oder Thailand betrat, tauchte ich ein in eine andere Welt. Eine Welt, die kaum einen größeren Kontrast hätte darstellen können zu meinem gewohnten

Schlipsträgerumfeld. Dies war die Welt der Meditation und der inneren Arbeit.

Ein oder zwei Wochen am Stück verbrachte ich auf diesen Retreats. Entweder blieb ich ganz in Stille, oder ich übte in der Gruppe, unter der Anleitung ausgewählter Lehrer, Meister, Lamas und Rinpoches, den Weg nach Hause zu finden. *My inner journey home*. Mehrere Male pro Jahr tauchte ich so ein in die innere Arbeit und wurde weicher, sensibler, verbundener mit mir. Bis der Rückflug anstand.

Jedes Mal war es das Gleiche: Zwei Tage vor Ende des Retreats kamen die Angst und die Traurigkeit darüber, dass ich hier wieder weg muss. Und der Moment, in dem ich das Terminal für den Rückflug betrat, war grauenhaft: wie der Aufschlag auf eine Betonplatte. Es war, als würde eine Wand hochfahren zwischen mir und dem Glück, das ich eben noch im Retreat erlebt hatte. Im grellen Licht des Alltags mutierte ich zurück zu der altbekannten Effizienzmaschine in der Businesswelt. Zum alten, gewohnten Nicholas.

Lange Zeit waren diese zwei Welten für mich getrennt. Eine völlige Zweiteilung.

Ich habe sie aufgehoben, diese Trennung. Heute erlebe ich im Meetingraum die gleiche Glückseligkeit wie im Retreat. Ich kann E-Mails im gleichen Zustand des Gewahrseins schreiben, wie ich meditierend auf dem Kissen sitze. Ob ich durch ein Flughafenterminal laufe oder eine Gehmeditation praktiziere – die Präsenz ist die gleiche. Die getrennten Welten sind nicht mehr getrennt. Sie sind eins. In jedem Moment.

Eigentlich war das nie anders. Diese Einheit war nie weg, sie war immer da. Die Trennung war nur ein Konstrukt meines Geistes. Jede Trennung ist nur ein Konstrukt unseres

Geistes. Arm oder reich, weiß oder schwarz, gebildet oder ungebildet – all das, was wir in unserer »normalen« Realität als getrennt erleben, ist auf einer anderen Ebene eins. Und das ist der Grund, warum ich dieses Buch schreibe.

Ich möchte Sie erinnern, dass Sie jederzeit, wo auch immer Sie gerade sind, stets Zugang zu beiden Welten haben – mehr noch:

Sie sind beide Welten.

Ich kenne sie. Diese laut schreiende Sehnsucht nach mehr. Die Sehnsucht, hinter die Oberfläche zu gelangen. Die Sehnsucht, sich von den Fesseln zu befreien. Die Sehnsucht nach Freiheit, nach Sinn, nach Glück. Und ich kann Ihnen sagen: Das, was Sie suchen, können Sie finden. Aber Sie werden es nicht im Außen finden. Sie erlangen es nicht, indem Sie beruflich aussteigen und den Kindheitstraum vom Fliegen mit 53 Jahren noch realisieren. Sie erlangen es auch nicht, indem Sie ins Kloster gehen und dort auf die Befreiung oder das Glück warten. Nein, Glück und Frieden finden Sie im Hier und Jetzt. In diesem Moment. Wo auch immer Sie sind. Was auch immer Sie tun. Beim Einräumen der Spülmaschine, beim Autofahren, beim Schreiben einer E-Mail.

Wenn Sie es schaffen, im Moment präsent zu sein mit dem, was ist – frei von Erwartungen und Vorstellungen, wie es »eigentlich« sein sollte –, dann brauchen Sie kein Meditationskissen, um sich zu befreien. Denn Befreiung ist, die Einheit zu erfahren. Sie müssen die Einheit nicht erschaffen, denn sie ist da. Immer. Überall. Sie ist da, wo Sie gerade sind.

Wenn Sie das erkennen, dann sind Glück und Frieden allgegenwärtig. Und aus dieser Erkenntnis heraus werden

Sie ganz von selbst anders mit dem umgehen, was in unserer »normalen« Realität als getrennt erscheint. So helfen Sie, dass auch in »dieser Welt« mehr Einheit, Glück und Frieden entstehen können.

Möge dieses Buch dazu beitragen, dass Sie, lieber Leser, die Befreiung von der Illusion der Trennung erfahren und Glück im Moment, unabhängig von äußeren Umständen finden. Möge es außerdem einen Beitrag dazu leisten, dass wir alle in dieser Welt mehr Einheit und Frieden leben.

QUELLE

1. Wünsche

An die Westküste der USA bin ich schon hundertmal gereist. San Francisco! Ich liebe San Francisco! Ich komme aus dem Terminal, nehme einen tiefen Atemzug. Der klare Wind vom Pazifik packt mich wieder. Bamm! – wie beim ersten Mal. Ich fühle mich hier so zu Hause wie nirgendwo anders auf der Welt. Und jahrelang war es dann sofort wieder da: Ich muss hier leben! Ich will hier leben! Jedes Mal! Und jedes Mal war ich dann wieder total gefrustet. Denn auch diesmal war ich nur zu Besuch da.

Alle Ihre Wünsche gehen in Erfüllung, wenn Sie nur richtig daran glauben. Das hören Sie heute an jeder Ecke: Stellen Sie sich den Wunschzustand nur gut genug vor, und machen Sie Ihre Affirmationen, dann werden sich Ihre innigsten Träume manifestieren. Formulieren Sie: Ich wünsche mir, dass ich heute 1 000 000 Euro verdiene! Zack! Ich wünsche mir, heute in mir zu ruhen! Simsalabim. Ich wünsche mir, dass der Mann meiner Träume mir heute über den Weg läuft. Abrakadabra! Die herrschende Meinung ist, dass formulierte Wünsche oder Zukunftsvorstellungen wie ein Zauberspruch wirken, die den Wunsch mühelos in Realität verwandeln. Manche Ansätze begründen das energetisch, andere mit der selektiven Wahrnehmung, und wieder andere mit dem Gesetz der Resonanz. Ich sage nur: Glauben Sie diesen Unsinn nicht.

Wünschen können Sie sich alles, aber …

… um es zu bekommen, müssen Sie in der Regel auch etwas tun. Klar, die Vorstellung, wir müssen nur ein wenig tagträumen und schon bekommen wir alles, was wir wollen, ist angenehm. Darum glauben wir gern daran, selbst wenn die Erfahrung etwas ganz anderes zeigt. Allerdings ist die Schönheit der Vorstellung nicht der einzige Grund, warum wir so anfällig sind für dieses Versprechen. Der tiefere Grund ist folgender: In diesem Wunsch-Ansatz steckt ein uralter kindlicher Glaube.

Sie kennen sicher die Szene aus dem Supermarkt, wenn Sie an der Kasse hinter jungen Eltern stehen. Was macht das kleine Kind? Es greift nach allem, was nicht niet- und nagelfest ist. Und es will. Mama, ich will Schokolade! Papa, ich will Kaugummi! Mama, ich will Spielzeug! Will ich! Will ich! Will ich! Und Mama und Papa versuchen mit vollem Einsatz und viel Liebesmüh, den Kleinen davon abzuhalten, die Regale leer zu räumen.

So kommen wir nicht auf die Welt. Geboren wird der Mensch ohne das »Ich will!«. Als Säugling kommen Sie aus einem symbiotischen Zustand. Sie sind noch fest an den Mutterleib gebunden und bleiben das gewissermaßen auch die ersten zehn Monate, nachdem Sie das Licht der Welt erblickt haben. Der Säugling hat kein Ich. Säuglinge *sind* einfach. Und genau das rührt uns an Babys so an. In dieser Zeit *wollen* Sie nicht. Sie liegen da und sind meist zufrieden, egal, was um sie herum passiert. Warum das so ist? Weil ihr Ego noch nicht herausgebildet ist.

Für Babys gilt nicht: ich bin. Sondern: sein. *Innocent soul.* Die Entwicklung Ihres Ichs setzt erst zwischen dem 12. und 24. Monat ein. Aber dann legt das kleine Ego mächtig los, das Kind-Ich kommt raus und sagt: »Ich will!« Und wenn sie nicht bekommen, was sie wollen, fangen sie an, wie ein Mini-Berserker zu schreien. Normalerweise wachsen Sie irgendwann aus diesem instinktiven Verhalten heraus wie aus Ihren Kinderklamotten. Schaffen aber nicht alle.

Adulte Kinder sehen Sie immer dort, wo Menschen ihr Lebensglück an die Erfüllung ihrer Wünsche ketten. Ich will eine Apple Watch. Und wenn ich die nicht sofort bekomme, dann schreie ich meine Frau an, warum wir ausgerechnet jetzt in den teuren Urlaub fahren müssen. Oder Sie rennen ins Büro Ihres Chefs und fragen ihn, warum er in den letzten zwei Jahren Ihr Gehalt nicht mehr erhöht hat! Wie ein kleines Kind. Ich! Ich! Ich! Will! Will! Will! Im Alter von zwei Jahren können Sie das machen, ja. Aber nicht mehr mit 36. Tun Sie es doch, ist es nichts anderes als Attachment! Eine Überidentifikation mit dem Wunsch. Sie denken, Ihnen wird etwas von Ihrer Persönlichkeit genommen, wenn Sie nicht bekommen, was Sie sich wünschen.

Und wenn Sie nach allen Protesten merken, dass Sie es tatsächlich nicht bekommen, dann hören Sie früher oder später auf, zu wünschen. Nach dem Motto: Wer nichts erwartet, kann nicht enttäuscht werden. Das ist pure Schmerzvermeidung, eine logische Folge aus der immer wiederkehrenden Erfahrung: Ich kann mir wünschen, was ich will, ich bekomme es eh nicht!

Ist es aber wirklich besser, nichts mehr zu wünschen?

Helmut Schmidt hat einen prägnanten Aphorismus über das Wünschen geprägt: »Wer Visionen hat, soll zum Arzt gehen!« Wer heute diesen Schmidt-Klassiker zitiert, meint so viel wie: nicht zu hoch fliegen. Immer schön auf dem Boden bleiben. Die Wünsche dieser Menschen wurden einmal zu oft enttäuscht. Und mit der Anzahl der Enttäuschungen fallen entsprechend die eigenen Erwartungen.

Jetzt setzt die Enttäuschungsprophylaxe ein. Bedeutet: von vornherein aufgeben. Fragen Sie mal einen beliebigen Bürger auf der Straße nach seinen Wünschen. Was kommt da? Der guckt Sie vermutlich an wie ein Auto. Das Gros der Menschen hat aufgehört, sich etwas zu wünschen. Und wenn Sie sich etwas wünschen, dann nur ganz kleinlaut: »Ich wünsche mir, dass heute nichts schiefgeht.« »Ich wünsche mir, dass ich gesund bleibe.« Limitierender geht es nicht. Sie können es Menschen ansehen, die sich nichts mehr wünschen, außer ein Feierabendbier und: »Hoffentlich läuft was Gutes in der Glotze heute Abend.« Sie sind grau. Sie sind innerlich leergespült.

Nur nichts erwarten – das ist praktisch gelebter Nihilismus. Im Nihilismus ist alles gleichgültig-grau. Wer reif ist, so lautet die Vorstellung, wünscht sich nichts mehr. Der zieht weder das eine vor, noch lehnt er das andere ab. Hinfallen ist genauso erstrebenswert wie Aufstehen. Staub ist ebenbürtig zu einem guten Steak. Alles ist gleich. Alles ist eins.

Dazu sage ich nur: Das ist falsch verstandene buddhistische Equanimity. Wenn Sie sich so auf die Welt einstellen, dann ist Ihr Herz kalt. Dann sind Sie zu einem Stein geworden. Außerdem erreichen Sie gar nichts mehr, denn Sie schaffen sich ein Labyrinth ohne Ausgang. Wie wollen Sie Ihre Ziele erreichen, wenn Sie nicht mehr priorisieren können, weil Ihnen alles gleich viel wert ist? Apfel oder Birne, Fisch oder Fleisch – Sie müssen sich schon entscheiden, was Sie wollen. Und das geht nicht, wenn Ihnen alles gleich viel wert ist.

Wie wichtig das Wünschen ist, das habe ich vor ein paar Jahren während eines Retreats gelernt. Ich war damals schon seit Längerem unglücklich in eine Frau verliebt. Ich habe mir so sehr gewünscht, dass wir ein Paar werden. Und gleichzeitig war mir eigentlich klar, dass es wohl nie klappen wird. Da saß ich nun mit meinen unerfüllten Wünschen. Und mit viel Schmerz. Blödes Wünschen! Dann doch lieber buddhistische Equanimity! Und da sprach mein großer Lehrer A. H. Almaas zu uns über das Wünschen: »The heart is longing! The heart is desiring! It's so juicy! What a delight! This longing is an expression of the aliveness of the heart.« Du darfst dir was wünschen. Es ist gut, wenn du dir was wünschst. Dein Herz ist lebendig, wenn du dir was wünschst. Das Wünschen ist ein Ausdruck deiner Lebendigkeit. Herzlichen Glückwunsch, dass Sie wünschen können!

Für mich war das damals eine große Erleichterung, als ich diese Worte gehört habe! Trotz all meines Liebeskummers habe ich begriffen:

Wünschen hält lebendig!

Der Think-big-Glaube der US-Amerikaner gilt hierzulande als ziemlich durchgeknallt. Wo ein Deutscher sagen würde: Wir bauen die Brücke nach Maßgabe aller Normen und berücksichtigen alle Interessen, sagt der US-Amerikaner schlicht, wir bauen die beste, größte und höchste Brücke der Welt. Von dieser Art positiver Vision können wir uns eine Scheibe abschneiden. Denn Visionen sind ganz normal! Das ist wissenschaftlich erwiesen. Eine Vision bedeutet nichts anderes, als sich ein bestimmtes Bild von der Zukunft zu machen. Und unser Gehirn produziert permanent Bilder der Zukunft. Und was machen die meisten Menschen aus dieser Chance? Sie machen sich Sorgen! Sie verbringen den Tag damit, an das zu denken, was nicht alles Schlechtes passieren kann. *Why? What's the point?*

Machen Sie es besser! Stellen Sie sich Ihre Zukunft so vor, wie Sie sich die Zukunft wünschen. Zeichnen Sie sich ein eigenes, positives Wunschbild, einen Polarstern zum Ausrichten Ihres Lebens. Das gibt Ihnen eine andere Orientierung, als zu sagen: Hoffentlich fällt mir kein Kühlschrank auf den Kopf. Wünschen Sie wie ein Kind drauflos! Das erhält Ihre Lebensfreude.

Aber identifizieren Sie sich nicht mit Ihrem Wunsch. Ketten Sie sich nicht daran, dass Ihre Wünsche erfüllt werden. Denn auf die Erfüllung haben Sie nur begrenzt Einfluss. Es gibt nur einen Weg: die Realität anerkennen, inklusive der Enttäuschung, wenn sich die Wünsche mal nicht erfüllen. Aber lassen Sie sich davon nicht kleinkriegen: Halten Sie Ihr Wünschen aufrecht. Halten Sie Ihr Herz lebendig. Denn wenn Sie sich nichts mehr wünschen, dann sind Sie tot.

Morgengrauen in München. Ich stehe vom Schreibtisch auf und gehe zum Fenster. Die Heizung läuft. Die Sonne schafft es nicht, die Wolken zu vertreiben. Es hängt Raureif auf den Bäumen. Wie klasse wäre jetzt San Francisco? 20 Grad Celsius, Sonnenschein, blauer Pazifik, die Männer in T-Shirts, die Frauen in Tops. Ich wäre gerne dort. Ich spüre, wie mein Herz zu hüpfen beginnt bei der Vorstellung. *The juiciness of the heart*. Und jetzt bin ich hier. Und genieße meinen heißen Tee.

2. Alltag

»Servus München!« plärrt es aus dem Radio im Taxi. Ich war nicht schnell genug, dem Fahrer zu sagen, dass er das Ding ausmachen soll. »Es ist Montagmorgen. Auf geht's in die neue Woche! Nur noch fünf Tage durchhalten und dann ist wieder: Wochenende!«

Wochenende und Urlaub sind die Lichtpunkte unserer Zeit. Unter der Woche dagegen ist Alltag. Und der hat für ganz viele Menschen einen schalen, bleiernen Beigeschmack. Für sie ist Alltag oft nur öde.

Ihr Alltag ist geprägt von immer gleichen Abläufen, die sie, ohne darüber nachzudenken, automatisch erledigen. Freude kommt nur auf, wenn sie vom vergangenen Wochenende oder dem nächsten Urlaub erzählen. Die Zeit bis dahin soll doch bitte so schnell wie möglich verstreichen.

Dabei ist Alltag der größte Teil unseres Lebens. Das Hier und Jetzt fällt daher auch meistens in den Alltag. Und wenn jemand von der meisten Zeit in seinem Leben nur hofft, dass sie zügig rumgeht, weil er sie als langweilig empfindet, kann ich nur sagen:

Was für eine Verschwendung von Lebenszeit!

Was für ein fürchterliches Dasein ist das, wenn Sie sich von Urlaub zu Urlaub hangeln? Oder fünf Tage in der Woche irgendwie hinter sich bringen, um dann zwei Tage genießen zu können? Das kann es doch nicht sein.

Was machen Sie am Wochenende oder im Urlaub? Suchen Sie Erholung oder Lebensfreude? Körperliche Ertüchtigung? Geistestraining? Tiefgang? Schönheit? Was auch immer es ist: Es ist gut, dass Sie das suchen. Nur: Wieso suchen Sie es nur außerhalb des Alltags? Ich wette mit Ihnen, dass Sie das alles auch im Alltag finden: das Spannende, das Unbekannte, das Geheimnis, die Aufregungen – alles, was das Herz begehrt.

Das bedeutet nicht einmal, dass Sie unentwegt sensationelle Erlebnisse in Ihr tägliches Leben einbauen sollen. Es geht vielmehr darum, dass Sie Ihren Alltag so bewusst wahrnehmen und gestalten, dass Sie ihn anders erleben. Wenn Ihr Leben ein digitales Foto wäre, dann würden Sie so auf die Funktion »mehr Brightness = mehr Strahlen« klicken. Nicht »Pimp up«, sondern »Brighten up your every day life«.

Dafür brauchen Sie nicht den Job hinzuschmeißen, die Familie zu verlassen oder Ihr Leben auf den Kopf zu stellen. Sie brauchen nicht nach Indien zu fliegen oder ins Retreat zu gehen. Alles, was für Sie zu tun ist, ist, dass Sie Ihren Alltag als das perfekte Übungsfeld für Ihren Geist nutzen.

Wie Ihnen das gelingt? Indem Sie die Dinge des täglichen Lebens mit der maximalen Bewusstheit machen. Wenn Sie Ihre alltäglichen Beschäftigungen wie E-Mails schreiben oder Wäsche aufhängen mit hoher Präsenz erledigen, werden Sie in diesen scheinbar so öden Beschäftigungen etwas entdecken: Ruhe, Entspannung, Erfüllung.

Es ist Ihre Entscheidung, ob Sie das Routineprogramm wie Pausenbrotschmieren, Steuererklärungmachen, Putzen, Bürokramerledigen runterleiern und sich zu Tode langweilen – oder ob Sie genau die gleichen Dinge tun, nur bewusst. Ihre Einstellung dazu macht einen riesengroßen Unterschied!

Und wenn ich Leute sagen höre: »Ich muss mal wieder so einen Sport-Urlaub oder Wellness-Urlaub machen, um meinen Körper zu ertüchtigen oder zur Ruhe zu finden«, dann kann ich nur den Kopf schütteln. Das alles können Sie permanent in Ihrem Alltag machen. Sie können den Alltag so nutzen, dass Sie Inseln der Muße genießen und das Training für Ihren Körper unterbringen. Lebensfreude ist nichts, was Sie sich für die zwei Wochen auf Kreta aufsparen sollten. Lebensfreude gehört ins Hier und Jetzt des Alltags.

Das Lächeln wieder in den Alltag bringen? – Ja, das geht.

Während eines meiner Seminare ist mir mal eine Teilnehmerin besonders aufgefallen. Astrid war nämlich nur am Meckern: über ihren Chef, über ihre Wohnung, über ihr Gewicht, über ihren öden Alltag. Alles schlecht. Das hat sich auch während des gesamten Seminars nicht geändert. Bis ich der Gruppe die »Three Circles of Influence« vorgestellt habe.

Die besagen, dass sich das Leben in drei konzentrischen Kreisen abspielt: Im inneren Kreis kann ich entscheiden, im mittleren Kreis kann ich beeinflussen, an den Dingen im äußeren Kreis kann ich nichts ändern. Menschen, die sich auf den äußeren Kreis fokussieren und sich ständig darüber beklagen – diese Menschen machen sich zum Opfer der äußeren Umstände. Menschen, die sich auf die zwei inneren Kreise konzentrieren, machen sich zum Gestalter. Fazit: Es ist eine Entscheidung, ein Opfer oder ein Gestalter seines Lebens zu sein. Ab diesem Moment war Astrid stumm.

Vier Monate später, anderer Workshop. Eine Teilnehmerin kommt mir irgendwie bekannt vor und ich frage vorsichtig: »Astrid?« Sie strahlt und nickt.

Ich sage: »Du wirkst so verändert, so ausgeglichen. Hast du einen neuen Chef?«

Während sie antwortet, wird ihr Grinsen immer breiter: »Nö. Gleiche Wohnung. Gleicher Chef. Gleicher Alltag.« Mit einem Augenzwinkern fügt sie hinzu: »Alles gleich im äußeren Kreis. Aber im inneren Kreis ist alles anders.«

»Und was genau ist anders?«, frage ich nach.

Sie antwortet: »Ich habe beschlossen, dass ich mich bei meiner Arbeit nur noch auf das konzentriere, was ich wirklich gestalten kann. Damit bin ich so beschäftigt, dass ich gar nicht mehr darauf achten kann, was mich an meinem Chef stört. Ich fokussiere mich darauf, eine Routineaufgabe nach der anderen ganz bewusst und mit einem Lächeln anzugehen. Und jeden Mittag gehört mir eine Viertelstunde ganz allein: entweder für einen Spaziergang draußen, für eine Yoga-Einheit oder einfach nur für einen langen Blick aus dem Fenster. Es ist, als erschaffe ich meinen Alltag neu. Jeden Tag. Und das ist wunderbar.«

She did it:
She has brightened up her every day life.

3. Zeit

»Dafür habe ich leider keine Zeit.« Wenn es einen Zähler gäbe, der anzeigt, wie häufig dieser Satz pro Minute auf der ganzen Welt fällt – ich wette, die Zahl wäre mindestens sechsstellig. Ob Verkäufer oder Handwerker, ob Mann oder Frau, ob jung oder alt, ob Einheimischer oder Einwanderer – der Mangel an Zeit eint uns alle.

Zeit ist inzwischen zum absoluten Luxusobjekt avanciert. Selbst das liebe Geld kann schon lange nicht mehr mit dem Wunsch nach mehr Zeit mithalten. Um das zu erkennen, brauchen Sie nur in die Medien zu schauen: Die Bunte titelt mit Promi-Zitaten wie »Mein größter Wunsch ist mehr Zeit. Alles andere habe ich«. Na klar, das Statement, »keine Zeit zu haben«, ist schließlich ein Ausdruck von Bedeutsamkeit. Aber die meisten Menschen meinen es wirklich ernst, wenn sie sagen: »Ich habe keine Zeit.«

Sie rennen durch ihren Tag, drehen an der Temposchraube, um hier noch eine Stunde, da noch zehn Minuten herauszuholen. Und für was? Am Ende sind sie gestresster als vorher und haben doch keine Minute gewonnen, weil einer der Termine nun doch länger gedauert hat. 24 Stunden sind um, und schon wieder nicht alles geschafft! Schon wieder hatten Sie keine Zeit für Sport, keine Zeit für Freunde, keine Zeit für echten Kontakt, keine Zeit für tiefe Gespräche, keine Zeit fürs Zuhören.

Dabei ist die Zeit nichts anderes als ein Konstrukt unseres Geistes. Also pure Illusion! *Wir* haben der tickenden Uhr eine Bedeutung gegeben. Ist die Zeit also wirklich das Problem? Wenn Sie es auf einer höheren Ebene betrachten, nicht. Denn wenn die Zeit reine Illusion ist, dann ist es auch eine Illusion, dass Sie keine Zeit haben.

Nun leben Sie und ich aber in dieser Welt, in der Raum und Zeit durchaus eine Rolle spielen. Wir brauchen die Uhr an unserem Handgelenk oder auf dem Handy, um uns in diesem Leben zu orientieren. Wir haben uns die Zeitrechnung ausgedacht, um zu wissen, vor wie vielen Jahren der Zweite Weltkrieg stattgefunden hat, wie alt wir sind und wann wir uns auf den Weg zum Flughafen machen müssen, um den Flug nach Berlin nicht zu verpassen.

Und trotzdem sage ich: Keine Zeit zu haben ist Humbug! Zeit ist immer genug da. Die Frage ist nicht, wie kriege ich mehr als 24 Stunden pro Tag? Die Frage ist: Womit will ich meine 24 Stunden, die mir jeden Tag geschenkt werden, verbringen?

Wenn ich mich in den großen Unternehmen so umschaue, dann wundere ich mich immer wieder, wie viel Zeit die Menschen damit verbringen, sich in ineffizienten Meetings den Hintern platt zu sitzen. Stunden über Stunden! Und beim Kaffeetrinken zwischendurch wird sich dann beschwert, dass sie wieder keine Zeit haben, das Angebot endlich rauszuschicken.

Dass die Zeit falsch genutzt wird, hängt damit zusammen, dass wir vor lauter Stress unsere Prioritäten aus den Augen verlieren. Ist jedes Meeting wirklich wichtig? Welche Anrufe möchte ich annehmen, und muss jede E-Mail gleich beantwortet werden? Ist das Smartphone morgens wirklich wichtiger, als seinem Partner liebevoll guten Morgen zu sagen oder aus dem Fenster zu schauen?

Wenn Sie wissen, was in Ihrem Leben Priorität hat, dann können Sie bewusst Einfluss darauf nehmen, womit Sie Ihre Zeit verbringen. Sie hören endlich auf, wie ein Spielball durch die Gegend zu kullern.

Klar, um sich Prioritäten zu setzen, müssen Sie erst mal darüber nachdenken, was Ihnen wichtig ist. Und das können Sie nur, indem Sie aufhören, jede nur erdenkliche Zerstreuung zu suchen, um sich nicht mit Ihrer Situation auseinandersetzen zu müssen. Innehalten. Sich bewusst werden. Ich bin sicher, der größte Zeitfresser ist die Kontaktvermeidung mit sich selbst.

Wenn ein Vater sich darüber ärgert, dass er immer zu spät von der Arbeit kommt, um seinen Kindern eine Gute-Nacht-Geschichte vorzulesen, dann ist sein Problem nicht, dass er keine Zeit hat. Sein Problem ist, dass ihm seine eigenen Prioritäten, sprich: seine Werte, nicht klar sind! Und wenn er die Entscheidung getroffen hat, dass er nicht nur als Foto auf dem Nachttisch seiner Kinder präsent sein will, dann muss er eben ein- oder zweimal in der Woche um 18 Uhr den Stift fallen lassen und nach Hause gehen. Konsequent. Er isst mit seinen Kindern zu Abend, spielt mit ihnen und liest ihnen die Gute-Nacht-Geschichte vor. So einfach ist das.

Wenn Sie Ihren Fokus gefunden haben und diesen konsequent durchziehen, dann ist das schon mal die halbe Miete. Was es jetzt noch braucht, ist Flexibilität. Denn manche Optionen liegen eben nicht auf der Hauptstraße.

Dass das gar nicht so einfach ist, habe ich erst kürzlich wieder am eigenen Leib erfahren, als ich selbst mal wieder in die Es-geht-nicht-Falle getappt bin. Eine Bekannte, die leidenschaftlich gern Yoga macht, hat seit gut einem Jahr einen kleinen Sohn. Als ich sie neulich besuchte, fragte ich sie: »Und, wie geht es dir mit der Yoga-Zwangspause?«

Sie: »Keine Pause! Seit einem Monat bin ich wieder dabei.«

Ich: »Wie machst du das mit dem Kleinen?«

Sie: »Der macht mit!«

Ich war total baff: »Wie? Das geht doch gar nicht!«

Sie: »Doch, ich nehme ihn einfach mit in die Stunde. Klar kann ich nicht jede Übung bis zum Ende mitmachen. Aber meistens funktioniert es ganz gut.«

Hätte diese Frau vorgefertigte Muster im Kopf, dann hätte sie für längere Zeit auf ihr Yoga verzichten müssen. Sie hätte »keine Zeit« dafür gehabt.

Um Ihre Zeit effektiv zu nutzen, müssen Sie weder eine Supermama noch eine Effizienzmaschine sein. Ganz im Gegenteil. Häufig hilft ein Wechsel der Perspektive. Auch ich habe gelernt, die Zeit für die Dinge zu finden, die mir wichtig sind. Und ich bin tiefenentspannt. Wie? Ich folge dem Rat eines alten Zen-Meisters:

»Wenn du keine Zeit hast, zehn Minuten zu meditieren, mach 45 Minuten draus.«

Diese Weisheit lässt sich auch auf Ihre Prioritäten übertragen. Wenn Sie es nicht schaffen, um 18 Uhr Feierabend zu machen, um Ihren Partner pünktlich zum Essen abzuholen, dann gehen Sie um 17 Uhr und nutzen Sie die gewonnene Stunde, um noch eine Runde im Park zu drehen.

4. Suche

Wir sind ständig auf der Suche – das ist der Normalmodus in unserer Gesellschaft. Suchprofile haben Hochkonjunktur, und Google verzeichnet mehr als 100 Millionen Zugriffe pro Tag. Doch nicht nur dort laden Menschen ihre Suchanfragen ab. Auch im Leben. Was wird da nicht alles gesucht? Der Partner fürs Leben, der Job, der alle Erwartungen erfüllt, die Traumwohnung, das Haus am See …

Wenn Sie ein Verlangen haben, dann ist das erst mal eine klasse Triebfeder. Keine Frage. Ohne dieses Verlangen, ohne den Wunsch, sich weiterzuentwickeln, würden Sie stagnieren. Sie würden sich keine Ziele setzen, Sie würden nicht über sich hinauswachsen. Sie wären vollkommen unlebendig. Darum bin ich grundsätzlich der Meinung:

Suchen ist super!

Wer nicht sucht, der nicht findet. Doch was mir auffällt, ist, dass die wenigsten Menschen finden, was sie suchen. Sie aktivieren jede Menge Suchprofile und doch ist das Richtige nicht dabei. Also suchen sie weiter. Ein Leben lang. Was für ein Frust, wenn Hoffnung und Erwartungen jedes Mal in Enttäuschung enden!

Bleibt die Frage: Warum finden sie nicht, was sie suchen? Hapert es am Angebot? Ist die Suchmethode falsch? Ich bin überzeugt: In den meisten Fällen liegt es daran, dass sie an der falschen Stelle suchen. So wie dieser Herr in einer alten Sufi-Geschichte:

Ein Mann krabbelt auf den Knien unter einer Laterne, den Blick auf den Boden gerichtet. Kommt ein anderer Mann vorbei und fragt: »Was suchst du?«

»Ich habe meinen Schlüssel verloren«, antwortet der Mann am Boden.

»Warte, ich helfe dir.«

Nachdem beide eine Weile gesucht haben, fragt ihn der Fremde: »Bist du sicher, dass du den Schlüssel hier verloren hast?«

»Nein, es war in meinem Haus.«

»Ja, um Himmels Willen, warum suchst du dann hier draußen?«

»Weil es hier heller ist.«

Diese Geschichte zeigt auf zugespitzte Weise, was wir im Alltag auch häufig tun. So wie der Mann unter der Laterne suchen wir im wahren Leben oft an der falschen Stelle.

Ein Bekannter ist aus seinem Job ausgestiegen, eine hoch dotierte Stelle in einer Investmentbank. Damals hat er jede Woche 80 Stunden gerissen und einen – entschuldigen Sie das Wort, hier trifft es wirklich zu – Arsch voll Geld verdient. Doch irgendwann wurde es ihm zu viel. Zu viel Verantwortung. Zu viel Druck. Also zog er die Konsequenzen und schmiss hin: »Ich mache was ganz anderes.«

Das hat er auch gemacht. Er eröffnete einen Burgerladen – als Bioimbiss für die Ökos.

Mittlerweile hat er 30 davon.

Und es geht ihm miserabel.

Ich kriege ein Déjà-vu nach dem anderen, wenn er mir erzählt, wie sehr er unter all der Arbeit leidet. Dieser Druck, diese Verantwortung. Das wird ihm alles zu viel.

Als nächstes plant er, ein halbes Dutzend Burgerbuden in Holland zu eröffnen. Ich bin mir hundertprozentig sicher, in zwei Jahren wird er alles verkaufen. Mit richtig viel Gewinn. Er wird zu mir sagen: »Das war alles Mist. Ich mache jetzt was ganz anderes.«

Das ist so ein Typ, der sich ein Segelboot zulegt und zwei Jahre später eine ganze Flotte im Hafen liegen hat. Er ändert etwas an seinem Leben, um am Ende wieder die gleiche Suppe zu löffeln. Warum? Weil er nur am *Außen* etwas ändert und nicht an *sich*. Er hat Angst, sich mit seinem Inneren zu beschäftigen. Er könnte ja auf Leere stoßen. Dadurch, dass er im Außen ständig in Aktion ist, vermeidet er die Suche dort, wo wirklich Veränderung erforderlich wäre. Sucht er weiter unter der Laterne wie bisher, dann wiederholt sich der Mist, bis zum Burn-out.

Er hat den Job gewechselt.
Aber seine Muster hat er mitgenommen!

Das große Missverständnis um die Suche ist, dass wir glauben, »Suchen« heißt, »im Außen suchen«. Diese Vorstellung ist ein fester Bestandteil unserer Kultur. Sämtliche Märchen und Geschichten arbeiten nach diesem Muster: Der Prinz muss hinaus in die weite Welt. Er muss Drachen besiegen, irgendein magisches Schwert finden oder der bösen Zauberin den Trank abluchsen, der den König von seiner Trübsal befreit.

Und, zack, ist dem Zuhörer klar: Irgendwo da draußen, da liegt das Heil. Dabei ist das aber eine komplett falsche

Deutung der Märchen! Die ständigen Reisen der Prinzen sind eine Analogie für die Suche im Innen:

Es geht darum, die inneren Drachen zu besiegen.

Die perfekte Beziehung erreichen Sie nicht, indem Sie den perfekten Partner finden. Wenn Sie selbst der Alte bleiben – wetten, dass Sie nach zwei Jahren exakt die gleichen Probleme haben werden wie in Ihrer letzten Beziehung? Auch ein Umzug nach Hamburg ist erst mal super. Sie können an der Elbe die großen Pötte beobachten oder Ihren Traumjob in einer der Werbeagenturen annehmen. Aber hoffen Sie nicht, durch den Umzug Ihr Glück zu finden. Es sei denn, Sie haben es schon vorher gefunden.

Kennen Sie diese Auswanderer-Serien im Fernsehen? Da können Sie anderen Menschen dabei zusehen, wie sie ihr Heil oder Unheil in der weiten Welt suchen, indem sie aus Deutschland auswandern. Erstaunlich ist: Außer an ihrem Umfeld ändert sich nichts. Die, die vorher glücklich wirkten, wirken weiter glücklich. Die, die vorher unglücklich wirkten, wirken weiter unglücklich. Ob die jetzt nach Mallorca oder Miami auswandern, ist völlig egal.

Meine These: All jene, die sagen »Durch meinen Umzug nach Mallorca wurde ich glücklich«, haben eine unzutreffende Selbstwahrnehmung. Denn Palmen und Strand allein machen nicht glücklich. Bei all diesen Menschen ist immer auch im Inneren etwas passiert.

Sie können hingehen, wo immer Sie möchten. Sie nehmen sich immer mit! Darum: Bevor Sie Ihren Job, Partner oder Wohnort wechseln: Suchen Sie erst mal in sich selbst!

5. Busyness

»Die Trägheit des westlichen Menschen besteht darin, dass er sein Leben derart mit fieberhafter Aktivität anfüllt, dass ihm keine Zeit mehr bleibt, sich mit den wahren Fragen auseinanderzusetzen.«

Sogyal Rinpoche

Je mehr du machst, desto erfolgreicher bist du.

Ist doch klar, oder?

Ich weiß nicht, wie es Ihnen geht, aber ich habe das geglaubt. Ich habe geglaubt, dass mein Leben ein Projekt ist, das aus erreichten Meilensteinen besteht. Dass ich mir meine Lorbeeren nur verdiene, wenn ich viel dafür tue. Mich anstrenge. Keine Zeit zum Luftholen lasse. Mache, mache, mache. Nur weil ich 45 Minuten Auto fahre, muss das nicht bedeuten, dass ich 45 Minuten lang nur Auto fahre. Nein, ich bleibe effizient. Ich mache noch ein paar Anrufe. Ich höre noch ein Hörbuch.

Effizient bin ich immer. Auch wenn das heißt, beim Frühstück die Börsenkurse auf dem iPad zu checken, während ich meinen Joghurt mechanisch auslöffele und dabei gar nicht mitbekomme, dass mein Sohn gern mit mir sprechen würde. Auch wenn das bedeutet, im Kundengespräch gedanklich schon beim nächsten Termin zu sein, im Workshop schon zu überlegen, wie ich aus dem Office Tower am schnellsten in ein Fitnessstudio komme, auf dem Crosstrainer eine halbe Stunde lang alles zu geben und dabei gedanklich meinen Koffer zu packen und die Aufgaben für die Assistentin zusammenzustellen, um am nächsten Tag um 5.50 Uhr mit erledigtem Pensum ins Flugzeug steigen zu können.

Wissen Sie, was das ist? Das ist Normalität. Sie bringt gesellschaftliche Anerkennung. Aber diese »Normalität« ist auch die beste Möglichkeit, um sich von sich selbst abzulenken. Den Kontakt mit sich zu vermeiden.

Klar, wenn du dich spürst, kann es sein, dass du auch Emotionen spürst. Wut. Ärger. Traurigkeit. Leere. Insbesondere die Leere. Die ist es, die wie ein verzweifeltes Kind schreit: Füll mich, und lass ja keine Pause! Gib mir Unterhaltung, Action, Sensationen! Tu was, damit ich nicht allein im Rampenlicht stehen muss!

So stopfst du die Leere voll, damit sie sich anfühlt wie eine prall gefüllte Popcorntüte. XXL. Überschäumend. Voluminös. Auch wenn das alles nur Luftnummern sind und der Nährstoffwert gleich null ist.

Die meisten Menschen halten sich busy, weil sie die Stille und das Alleinsein nicht aushalten können. Das gilt nicht nur für den Manager mit dem ultraoptimierten Terminkalender, sondern auch für die Hausfrau, bei der immer das Radio oder der Fernseher an ist, egal, was sie tut. Und selbst wenn diese Menschen vor Freunden oder Kollegen mit einem Stoßseufzer sagen »Ich brauche dringend mal Urlaub!«, meinen sie damit nicht, dass sie wahrhaftig Ruhe wollen. Sie suchen nur implizit den Beifall dafür, dass sie so busy – ergo: so wichtig – sind.

Ich mache, also bin ich.

Das ist eine tiefe Überzeugung der heutigen Zeit. Und gleichzeitig nur der verzweifelte Versuch, das Ego einigermaßen aufrechtzuerhalten. Warum? Weil das Ego ohne permanente Aktivität kollabiert. Das Ego ist nur ein mentales Konstrukt, und das Einzige, was es am Leben hält, ist die permanente Beschäftigung. Der alleinige Zweck des Glaubenssatzes »Ich mache, also bin ich« ist, das Ich zu bestätigen. Es zu füttern mit einer Identifikation. In diesem Fall: Ich bin ein Macher! Dabei hat jeder, der tief genug meditiert hat, die Erfahrung gemacht, dass das Ich gar nicht existiert, sondern ein Konstrukt ist. In der buddhistischen Kultur ist das ein alter Hut, im individualistischen Westen eine schlimme Vorstellung.

Haben Sie jemals zu sich oder zu anderen nur gesagt: »Ich bin.« Punkt. Nichts weiter. – ? Eben. Klingt unvollständig. Als würde die Botschaft fehlen. Nach dem Motto: »Wer oder was bist du denn? Müde? Glücklich? Sauer? Ein harter Hund? Vater? Musiker? Ein Macher?« – Dazu kann jeder Ja oder Nein sagen. Sofort. Und wenn ich sage, ich bin ein Macher, dann bedeutet diese Identifikation im Umkehrschluss: »Wenn ich nichts mache, bin ich nichts.« Menschen halten sich also busy, um ihr Ich aufrechtzuerhalten.

Das Blöde ist nur: Dabei verlieren Sie den Kontakt mit sich. Sind Sie aber nicht in Kontakt mit sich, kommen Sie auch nicht in Kontakt mit anderen. Sie kriegen gar nicht mit, dass Sie Ihre Mitarbeiter, die Sie – einen nach dem anderen – aus dem Auto anrufen, nur abfertigen. Sie merken gar nicht, dass Sie nicht in der Lage sind, richtig zuzuhören. Sich für Ihren Gesprächspartner zu interessieren. Sich auf ihn einzulassen. Und während Sie Ihren Assistenten zusammenfalten, kriegen Sie nicht einmal mit, *dass* Sie ihn zusammenfalten! Das läuft alles automatisch. Auf Autopilot.

Was sind das für Entscheidungen, die Sie in solchen Momenten treffen? Schlechte Entscheidungen! Verdammt schlechte Entscheidungen. Und die sind deshalb schlecht, weil Sie im Moment der Entscheidung nicht gegenwärtig sind. Sie sind entweder in der Vergangenheit – bei Ihren angetriggerten Erinnerungen – oder in der Zukunft – bei Ihren Zielen. Sie sind irgendwo, nur nicht im Hier und Jetzt. Präsent werden Sie erst wieder, wenn Ihnen das Ganze auf die Füße fällt. Dann wundern Sie sich. »Verdammt! Was habe ich gemacht?«

Eine spirituelle Lehrerin sagt mir oft: »Die Tragik des Menschen ist, dass er sich jede Erfahrung wünscht, außer der, die er gerade hat.« Er ist also gefangen im Kreislauf *Wunsch–Enttäuschung–Wunsch–Enttäuschung–Wunsch–Enttäuschung* ... Diesem Kreislauf entkommen Sie nur, wenn Sie sich wünschen, was Sie haben. Oder besser ganz aufhören, Wünsche zu formulieren, und aus dem Sein heraus handeln. Alles andere ist Busyness. Ein Leben in der Zukunft.

Verstehen Sie mich bitte richtig: Ich will nicht Aktivität und Zielorientierung verdammen. Im Gegenteil. Ein praller Kalender ist erst mal überhaupt nicht problematisch. Problematisch ist es, wenn Sie abgelenkt sind und nicht im Hier und Jetzt. Wenn Sie nicht aus dem Sein heraus handeln, sondern aus einem »Ich muss« heraus.

Gerade neulich steige ich in den Flieger ein, und sobald ich an meinem Platz sitze, klappe ich meinen Laptop auf und schreibe ruhig und konzentriert 20 Mails auf dem Weg von Hamburg nach München. Ja, im Flieger ordentlich Mails zu erledigen ist völlig okay – das hat mit Busyness erst mal nichts zu tun. Busy wäre, Mails mit hängender Zunge zu tippen, Hauptsache raus! Busy wäre, weiterzuschreiben, auch während die Flugbegleiterin Sie fragt, was

Sie trinken möchten. Sie aber mit Bedacht und bei voller Konzentration zu schreiben ist einfach nur fokussiert. Und Fokus ist ab einer gewissen Hierarchieebene einer der entscheidenden Erfolgsfaktoren.

Der Unterschied ist: Im Busy-Zustand ist jede Handlung fürchterlich ineffektiv. Im fokussierten Zustand ist sie extrem effektiv. Äußerlich ist die Handlung exakt gleich: Telefonanruf, Einkauf, Meetingteilnahme oder was auch immer. Nur im Effekt gibt es riesige Unterschiede.

Apropos: Ich kenne kaum jemanden, der einen volleren Terminkalender hat als der Dalai Lama. Und der Dalai Lama ist alles, nur nicht busy. Der hat die Ruhe weg. Da können Mord und Totschlag passieren, und keiner nimmt ihm sein unerschütterliches Lächeln, seine Daseinskraft weg. Aus dieser Ruhe heraus ist der Mann mit Sicherheit einer der größten »Macher« der heutigen Zeit. Er hat einen unglaublichen Wirkungsgrad, erreicht Millionen von Menschen mit einem kleinen Auftritt bei einem lokalen Fernsehsender. Warum? Weil er zunächst einmal ist. Weil er nicht *tut*, sondern *geschehen* lässt. Und damit meine ich nicht, dass er nicht aktiv ist, sondern dass seine Aktivität aus dem präsenten Sein heraus entsteht. Nur weil er so natürlich verbunden ist mit dem, was ist, ist er so wirksam und hat a) extrem viel Kraft, und b) diese ruhige Kraft hat eine extrem hohe Anziehungskraft.

Auch Sie können lernen, immer mehr aus dem Sein heraus zu handeln. Und ja, dazu ist es hilfreich, erst mal zur Ruhe zu kommen. Ein häufiger Gedanke ist: schnell den nächsten Wellnessurlaub buchen! Ja fein, genießen Sie es! Und überprüfen Sie dann: Wie lange hält der Effekt?

Wie wäre es also, wenn Sie Ihr Wellnesshotel ständig bei sich hätten? Auch an der nächsten roten Ampel. Entspannt im Moment mit dem, was jetzt ist, anstatt getrieben und voller Hektik bei dem, von dem Sie die Ampel vermeintlich trennt.

Ich für mich habe ein kleines Ritual, das mir hilft, gelassen zu bleiben. Mein kleines Spa ist der Flughafen. Jedes Mal, wenn ich ein Terminal betrete, gehe ich 10 Prozent langsamer als sonst. Das fällt niemandem auf. Ich gehe immer noch zielgerichtet zu meinem Gate. Den Unterschied merke nur ich: Ich setze jeden Schritt bewusst. Jede Berührung des Bodens. Jeden Atemzug. Damit übe ich mich in der Praxis, da zu sein. Und dann entsteht auch das Tun aus diesem Sein.

Das geht übrigens mit jeder x-beliebigen Routinetätigkeit: weniger machen und mehr sein.

6. Erfolg

Ich bin ein Erfolgsmensch. Das gebe ich offen zu.

Erfolg ist mir so wichtig, dass ich in meinen beruflichen Anfängen eine 60-Stunden-Woche nach der anderen runterriss – ohne mit der Wimper zu zucken. Den Riesenauftrag? Wollte ich. Den nächsten? Her damit. Den übernächsten? Hallo! Klar doch …

Es war mir wichtig, dass ich einen großen Dienstwagen fuhr, damit auch jeder meinen Erfolg mitbekam. Es war mir wichtig, in Fünf-Sterne-Hotels abzusteigen und nach dem Termin mit anderen erfolgsstrotzenden Geschäftsleuten noch einen edlen Wein zu trinken. Und ich freute mich ehrlich, als ich irgendwann den goldenen Vielfliegerstatus hatte.

Jeder Erfolg hat mich zu noch mehr Erfolg getrieben. Ich habe unendlich viel aus mir herausgeholt auf diese Weise.

Erfolg war das, was ich wollte, um zufrieden zu sein. Und das, was ich wollte, kriegte ich.

Dachte ich.

Doch eines Abends – ich saß gerade vollkommen leergepumpt von einem irrsinnig langen Tag in einem dieser schweren Ledersessel in der Hotellobby – merkte ich, dass in mir ein Gefühl war. Und zwar nur ein einziges, und dieses Gefühl war nicht schön: Es war nämlich Angst. Es war die Angst davor, dass es vielleicht morgen mit dem Erfolg vorbei sein könnte. Die Angst, morgen nicht mehr bedeutend und wichtig zu sein.

Zu einem anderen Gefühl war ich gar nicht mehr fähig, denn sämtliche Energiereserven in mir waren verbraucht. Der Motor war aus.

Der Erfolg hatte mich vergiftet: Ich war davon betäubt wie von einer Droge. Sodass ich gar nicht bemerkte, wie ich mich in diesem Streben nach Erfolg komplett selbst verloren hatte.

Mein Erfolg war nicht der gute Abschluss, der nächste große Coup – mein Erfolg war, dass ich wichtig war. Das war meine Existenzberechtigung. Mein Wert als Mensch war an meinen Status gekoppelt!

Erfolg ist ein toller Antreiber.
Erfolg ist ein süßes Gift.

Ja, was denn nun?

Ich sage: Beides ist richtig. Oder noch besser: Beides ist falsch. Denn Erfolg an sich ist weder gut noch schlecht.

Wie er sich anfühlt, wenn Sie ihn haben, hängt nämlich von der Definition ab. Von Ihrer Definition.

Das Ding ist: Erfolg sieht für jeden anders aus. Für die einen ist es wirklich der dicke Schlitten vor der Tür. Für den anderen die 20 Jahre jüngere Blondine an seiner Seite. Und für den nächsten ist es das Kinderlachen, das er selbst hervorgezaubert hat. Doch wie kommen Sie zu Ihrer persönlichen Definition von Erfolg? Die Antwort ist so einfach wie schwer: über Ihr Gespür dafür, was wichtig ist in Ihrem Leben, welche Werte Sie leiten und welche Motive Sie antreiben.

Die Antwort zu finden ist für viele Menschen eine lebenslange Aufgabe. Und weil sie die Antwort nicht haben, lassen sie sich von Antworten leiten, die ihnen von außen vermittelt werden. Die Werbeindustrie suggeriert gekonnt, wie Erfolg auszusehen hat: Er trägt Rolex, rasiert sich mit Titanium-beschichteten Klingen und lässt den Blick aus der Penthousewohnung über die Skyline der Weltstadt schweifen. Der Erfolg hat eine schlanke Figur, sonnengebräunte Haut oder umwerfend glänzendes Haar.

Klar, das sind lauter verlockende Aussichten. Und ich habe auch überhaupt nichts dagegen einzuwenden, wenn Sie sich eine gute Uhr gönnen. Gefährlich wird es, wenn diese Attribute Ihr Leben bestimmen, obwohl sie nur von außen induziert sind – nicht aus Ihrem Inneren heraus. Denn wenn Sie Ihren Erfolg nur an materiellen Dingen festmachen, die andere für erstrebenswert halten, dann geraten Sie schnell in Abhängigkeit. Weil dieser Erfolg nämlich nicht zufrieden, sondern süchtig macht. Die nächste Dosis muss her und zwar nicht die gleiche, sondern eine größere: die nächste Gehaltserhöhung, das geräumigere Einzelbüro, der fettere Dienstwagen – das alles funktioniert wie eine Droge.

Und wer abhängig ist, nimmt keine Rücksicht mehr: weder auf sich noch auf andere. So wie sich der Junkie am Ende das eigene Zahngold herausbricht, um an Stoff zu kommen, so opfern auch die Erfolgsabhängigen alles, was sie haben, für den Erfolg.

Ja, sie opfern auch sich selbst – spätestens dann, wenn es mal mit dem Erfolg nicht so klappt. Kein Mensch ist andauernd erfolgreich. Es ist völlig normal, dass auch einmal eine Präsentation in die Hose geht. Dass der Kunde den Auftrag zurückzieht. Dass es zu einem Misserfolg kommt. Das ist hart, denn jetzt sitzt der Erfolgsjunkie in der Falle. Soll er zugeben, dass er einen Misserfolg eingefahren hat – er, der seinen Wert als Mensch über sich kontinuierlich steigernden Erfolg definiert? Nein, das geht auf keinen Fall.

Das ist der Punkt, wo der große Selbstbetrug beginnt. Der Rückschlag wird weggeredet. Es finden sich gute Ausreden, die den Schein aufrechterhalten. Irgendwann ist nicht mehr klar: Was ist Wahrheit und was ist Lüge? Es bleibt nichts anderes übrig, als immer weiterzumachen. Immer härter zu arbeiten, damit der nächste Erfolgsschuss gesetzt werden kann.

Und was bleibt am Ende? Was bleibt, wenn sich der Vorhang schließt? Ein teures, aber einsames Hotelzimmer? Ein Haufen Geld, eine teure Uhr oder die Luxuswohnung? Alles keine adäquaten Antworten auf die Frage nach dem Sinn des Lebens, oder?

Habe ich alles erlebt und deshalb ist für mich heute klar: Nur echter Erfolg bringt echte Erfüllung. Und echter Erfolg braucht nicht zwingend mehr Einsatz. Entscheidend ist vielmehr, dass Sie das Richtige tun. Wahrer Erfolg entsteht in dem Wissen, was im Leben wichtig ist – und darin, dann auch genau das anzustreben. Egal, ob es dafür am Ende einen Bonus, einen Grammy oder das Bundesverdienstkreuz gibt. Egal, ob es ein Lächeln, ein Danke – oder auch gar nichts von all dem gibt. Es geht nicht darum, das zu tun, was nach außen hin »gut aussieht«, sondern das, was Ihr Herz höher schlagen lässt.

Wenn es Mutter Teresa auf Ruhm und Ehre und einen dicken Dienstwagen angekommen wäre, dann wären die Armen in Indien leer ausgegangen. Und wir hätten ein Vorbild weniger. Doch sie hat ihre Aufgabe mit einer eisernen, geduldigen Zielstrebigkeit verfolgt: den Armen wie Jesus Christus zu dienen. Dabei hat sie alles auf sich genommen: das indische Klima, den Schmutz Kalkuttas, die Verleumdungen, die zahllosen Vertrauensbrüche vermeintlicher Freunde und Förderer und nicht zuletzt schwere Enttäuschungen, die ihr die Schwestern und Brüder bereitet haben. Sie ist ihren Weg gegangen, weil sie es für ihre Bestimmung gehalten hat. Ihre Aufgabe hat ihr Kraft und Energie gegeben, trotz aller Widrigkeiten weiterzumachen. Und diese Entschlossenheit, den eigenen Weg zu gehen, unabhängig davon, ob er immer angenehm ist oder nicht, ob er schick ist oder nicht, ob er entlohnt wird oder nicht – diese Entschiedenheit ist das, was uns heute an Mutter Teresa fasziniert. Auch die Nichtgläubigen unter uns!

Ich glaube auch, dass Mutter Teresa ihren Weg nicht wirklich als Mühsal erlebt hat. Denn achten Sie mal darauf: Wenn Sie tun, was Ihnen wichtig ist und wirklich am Herzen liegt, dann empfinden Sie den Weg, den Sie gehen, nicht mehr als mühselig. Sie müssen sich nicht mehr künstlich belohnen, um die Plackerei zu kompensieren. Sie gewinnen Energie, anstatt sie zu verlieren. Selbst wenn Sie dafür rund um die Uhr arbeiten.

Die entscheidende Frage ist also: Was wünschen Sie sich von Ihrem Tag, wenn der Wecker morgens klingelt? Was ist Ihnen wichtig, wenn Sie abends von der Bühne gehen? Was ist IHR echter Erfolg? Und wann fangen Sie an, genau dafür zu arbeiten?

Übrigens: Die 60-Stunden-Woche ist für mich nach wie vor keine Seltenheit, und das empfinde ich heute keineswegs als Belastung. Denn es gibt einen ganz wesentlichen Unterschied zu früher: Ich liebe, was ich tue. Jetzt, während ich es tue. Nicht in Verbindung mit einem eventuellen Erfolg in der Zukunft. Das Fünf-Sterne-Hotel ist nett, aber nicht wirklich wichtig. Viel entscheidender ist die Lage: in unmittelbarer Nähe zu einer schönen Laufstrecke, auf der ich es mir vor und nach der Arbeit so richtig gut gehen lasse …

7. Zukunft

Ich wage mal eine kühne Behauptung. Nämlich, dass Sie und ich einen Großteil der Zeit gar nicht da sind. Klar, Ihr Körper ist da. Aber Sie sind nicht in Ihrem Körper.

Machen Sie mal den Selbsttest. Beobachten Sie sich zum Beispiel morgen beim Frühstück. Während Sie Ihren Kaffee oder Tee trinken, wie sehr sind Sie in dem Moment bei Ihrem Kaffee? Wie sehr sind Sie wirklich da?

Sie benötigen ungefähr fünf Minuten, um ein heißes Getränk zu sich zu nehmen. Glauben Sie, Sie schaffen es, fünf Minuten bei Ihrem Getränk zu bleiben? Als ich begonnen habe zu meditieren, hätte ich diese Frage mit einem entschiedenen »Ja!« beantwortet. Nach einer gewissen

Übungszeit habe ich gemerkt: Selbst eine Minute wirklich beim Kaffee zu sein ist verdammt anstrengend.

Was stattdessen passiert, ist, dass Ihre Gedanken sonstwohin wandern. Zur S-Bahn, die Sie nachher erwischen wollen (»Sind heute eigentlich noch Bauarbeiten auf der Strecke?«). Zum Meeting, das gleich um neun beginnt (»Oh, bin ich überhaupt ausreichend vorbereitet?«). Zu dem Kollegen, mit dem Sie gestern eine Auseinandersetzung hatten (»Ob es heute wieder dicke Luft gibt?«). Zu Ihrer Tochter (»Wer bringt die Kleine morgen eigentlich zum Geigenunterricht?«). Zum Winterurlaub (»Wir müssen dringend den Karibikurlaub buchen, sonst zahlen wir wieder das Doppelte!«). Oder zum Sommerurlaub (»Boah, ich freu mich schon so sehr auf Sonne, Strand und Meer!«). Und so weiter und so fort.

Und, wo waren Sie? Hauptsächlich in der Zukunft. Ihr Körper war in der Gegenwart, Ihre Gedanken aber bei dem, was kommen wird. Oder auch nicht kommen wird. Sagen wir es lieber so: Bei dem, was vielleicht kommen mag. Denn eins ist sicher: Was die Zukunft genau bringen wird, was mit der S-Bahn passiert, wie das Meeting, die Mittagspause und der Urlaub verlaufen, hängt von so vielen Faktoren ab, dass Sie es schlicht nicht vorab wissen können.

Was aber mit Sicherheit passiert, während Sie gedanklich in der Zukunft sind, ist: Sie verpassen die Gegenwart. Während Ihr Geist sich den Gedanken über die Zukunft hingibt, merken Sie gar nicht, dass Ihr Körper nicht in der Karibik ist, sondern am heimischen Frühstückstisch. Nicht weil Sie ungeübt sind oder Ihnen eine bestimmte Fähigkeit fehlt, sondern weil es nicht menschenmöglich ist, geistig dazubleiben, wenn Ihre Gedanken abwandern. Sie können nicht gleichzeitig an das, was kommt, und an das, was ist, denken. So hat die Natur das menschliche Gehirn nicht gebaut. Sie haben nur ein Aufmerksamkeitsfenster. Entweder Sie konzentrieren sich auf heute oder auf morgen. Entweder auf jetzt oder auf gleich. Kaffee oder S-Bahn. Das eine kostet Sie das andere. Und wenn Sie nicht in der Gegenwart sind, sondern, ohne es zu merken, in die Zukunft abschweifen, bekommen Sie sofort die Quittung.

Zunge verbrannt! – wenn Sie noch am Frühstückstisch sind und gedankenverloren die Tasse zum Mund bringen.

Beim Autofahren geblitzt! – wenn Sie zu einem Termin eilen und im Kopf gedanklich schon die möglichen Reaktionen auf die Gegenargumente Ihres Gesprächspartners durchgehen.

Chance verpasst! – wenn Sie nur mit der Ausführung Ihres Plans beschäftigt sind, nehmen Sie die Möglichkeiten, die sich Ihnen bieten, gar nicht wahr.

Immer wenn wir gedanklich in die Zukunft abschweifen, berauben wir uns unserer Handlungsfähigkeit. In dieser Zeit steigen wir aus unserem Leben aus. Es ist, als ob die Uhr stillstehen würde, denn wir befinden uns außerhalb der hiesigen Zeit und des hiesigen Raums. Und das kann katastrophal sein. Die Negativfolgen dieses Ausstiegs aus dem Hier und Jetzt sind weitaus gewichtiger als eine verbrannte Zunge.

Das hängt damit zusammen, dass sich unsere Gedanken über die Zukunft hauptsächlich aus unseren Erfahrungen aus der Vergangenheit speisen. Als der Körper diese Erfahrungen gemacht hat, hat er auch die damit verbundenen Emotionen abgespeichert. Leider sind viele dieser Emotionen negativ. Diese Emotionen tragen wir mit uns, nehmen sie aber nicht wahr. Und an das auslösende Ereignis können wir uns gar nicht mehr erinnern. Aber das Gefühl von damals liegt immer noch verborgen in uns. Diese Gefühle projizieren wir nun unbewusst auf die Zukunft. Das führt dazu, dass die Gedanken, die wir uns unbewusst über die Zukunft machen, mehrheitlich negative Gedanken sind: Sorgen. Befürchtungen. Ängste.

Einerseits ist dieser Mechanismus ein guter. Unser Unterbewusstsein möchte unserem Bewusstsein eine Botschaft senden: Es soll gefälligst Situationen vermeiden, die uns wieder unangenehme Gefühle bescheren. Doch das Bewusstsein dekodiert diese Botschaft nicht, sondern fängt an, unbedacht Katastrophenszenarien zu entwerfen. Auch dann, wenn sie gar nicht nötig wären.

Es ist völlig offen, wie das Meeting später verlaufen wird. Aber wenn Sie die Sorge haben, unvorbereitet zu sein, und unsicher ins Meeting gehen, wird das Ergebnis ein ganz anderes sein, als wenn Sie sich souverän und selbstbewusst fühlen. In beiden Szenarien ändert sich nichts am Umfeld, an Ihrer Kompetenz oder an Ihrer faktischen Vorbereitung. Der einzige Unterschied sind die Gefühle und die Gedanken, mit denen Sie ins Meeting gehen. Die haben einen wesentlichen Einfluss auf Ihre Performance. Nicht Ihr Wissen oder Können!

Was ich damit sagen möchte:

Wenn Sie in die Zukunft abdriften,
verbauen Sie sich Ihre Zukunft.

Denn viele Sorgen, die wir Menschen haben, kommen daher, dass wir nicht in der Gegenwart sind, sondern in der Zukunft.

Ja, was bedeutet das nun? Sollen Sie jetzt aufhören, Urlaubspläne zu machen? Sollen Sie aufhören, To-do-Listen zu machen, weil Sie dabei nur Arbeitspakete schnüren, die Sie gar nicht jetzt gleich bearbeiten? Sollen Sie nun gar nicht mehr an morgen denken? – Das meine ich überhaupt nicht. Im Gegenteil.

Die Tatsache, dass der Mensch die Zukunft imaginieren kann, ist eine wunderbare Gabe. Die meisten anderen Lebewesen können das nicht, und womöglich ist diese Gabe sogar der wesentliche Motor für die hohe Entwicklung unserer Spezies. Ein Großteil der Evolution wäre überhaupt nicht möglich gewesen, wenn der Mensch nicht vorausschauend denken könnte! Hätte Otto Benz nicht die Vision gehabt, dass sich die Menschen in Zukunft statt mit Pferden mit Motorkutschen vorwärtsbewegen, gäbe es heute keine Autos. Und hätte Steve Jobs sich nicht vorstellen können, dass ein Telefon nicht nur ein Telefon sein muss, sondern auch ein Gegenstand mit viel mehr Funktionen sein kann, könnten Sie heute nicht von der Kalahari aus Selfies mit dem Smartphone posten. Aber beim Kaffee an die S-Bahn denken, ist das wirklich die Art von Denken, das die Menschheit weiterbringt?

Ich möchte Ihnen keinesfalls vermitteln, es sei schädlich, sich mit der Zukunft zu befassen. Schädlich ist es, in die Zukunft abzudriften, ohne es zu bemerken. Das ist nämlich kein Stück visionär, sondern reine Weltflucht. Und die Weltflucht führt dazu, dass Sie Ihr ganzes Leben verpassen können!

Was Sie aber sehr wohl voranbringt und Ihnen ein reiches Leben beschert, sind bewusste Gedanken über die Zukunft. Wenn Sie sich bei vollem Bewusstsein ausmalen, was für ein Leben Sie sich wünschen, was für Spuren Sie hinterlassen möchten, oder wenn Sie sich einfach nur überlegen, welche Art von Reise Sie beim nächsten Urlaub mit Freude erfüllen würde, dann hilft Ihnen dieser Blick in die Zukunft, sich Ihr Leben zu erschaffen. Dann sind Sie Regisseur in Ihrem Lebensfilm. Und die Illusion der Zukunftsgedanken war eine sehr hilfreiche. Denn sie war keine unbewusste Fortschreibung der Vergangenheit.

Sie entscheiden, wann Sie im Hier und Jetzt sind, und wann Sie über Vergangenheit oder Zukunft denken. Ich wünsche Ihnen nur eins: Machen Sie Ihre Ausflüge bewusst!

BACH

8. Ziele

Wimbledon, 7. Juli 2013. Der Center Court ist bis auf den letzten Platz gefüllt. 15 000 Zuschauer sind im Fieber, und das liegt nicht nur an der glühenden Hitze hier im Court. Bei mehr als 30 Grad Celsius kämpfen sich die beiden Spieler unten auf dem heiligen Rasen von Satz zu Satz. Es ist ein Kopf-an-Kopf-Rennen. Jetzt, der vierte Matchball. Der Brite hebt den Arm zum Aufschlag. Das Publikum hält den Atem an, manche Zuschauer können schon gar nicht mehr hinsehen. Seit 77 Jahren hatte kein Brite dieses prestigeträchtige Turnier gewonnen. Und jetzt steht da dieser 26-jährige blasse Schotte. Kann er es schaffen, eine ganze Nation von dem Fluch zu erlösen?

Andy Murray hatte ein Ziel vor Augen. Er wollte Wimbledon-Sieger werden, unbedingt. Seit er den Tennisschläger halbwegs gut halten konnte, träumte er davon. Sein ganzes Leben hatte Murray diesem Ziel untergeordnet. Er wusste ganz genau, wo er hinwollte – und was er dafür tun musste. Er arbeitete wie ein Besessener, trainierte sogar in den Tropen, um der Hitze beim Wettkampf standhalten zu können. Dazu ein knallharter Ernährungsplan, der ihm vorschrieb, täglich 8000 Kalorien zu sich zu nehmen. Haben Sie das einmal versucht? 8000 Kalorien pro Tag? Gesunde Kalorien, meine ich. Das ist verdammt anstrengend!

So eine Tortur halten Sie nur durch, wenn Sie für Ihr Ziel brennen. Wenn Sie es für so wertvoll halten, dass Sie bereit sind, Ihr Leben komplett danach auszurichten. Nur mit Zielen kommen Sie in die Reichweite Ihrer Träume.

Oder ist das mit den Zielen doch alles Humbug?

Die Tochter eines guten Freundes kriegt jedenfalls extrem schlechte Laune, wenn ihr Vater mit ihr über ihre schulischen Ziele reden will. Wenn Sie Teenager fragen – oder meinetwegen auch jeden x-beliebigen Angestellten in einem Konzern –, dann erhalten Sie immer ungefähr die gleiche Antwort: Ziele machen nichts als Druck und quälen die Menschheit.

Nicht nur das. Es geht auch völlig ohne Ziele. Es gibt genügend Errungenschaften in der Weltgeschichte, die nicht gezielt angegangen worden sind. Ich denke zum Beispiel an die Post-its, die durch Zufall erfunden worden sind. Der amerikanische Chemiker Spencer Silver wollte einen Superkleber entwickeln und hat stattdessen nur eine klebrige Masse hinbekommen, die sich relativ leicht wieder von der Fläche ablösen ließ. Sechs Jahre später fiel einem seiner Kollegen der »Misserfolg« Spencers wieder ein – als er im Chor sang und genervt darüber war, dass ihm seine Lesezeichen beim Singen ständig aus dem Notenheft herausfielen. Er ging ins Labor, schnappte sich Spencers Klebermischung und stellte fest, dass die Lesezeichen hafteten, sich aber auch wieder ablösen ließen. So »zielorientiert« wurden die Post-its erfunden.

John Lennon hat einmal gesagt: »Leben ist das, was passiert, während du dabei bist, andere Pläne zu schmieden.« Den Satz unterschreibe ich sofort. Das Leben hat keinen Regisseur. Vieles geschieht einfach, ohne dass Sie oder ich es uns vorgenommen hätten.

Die Glorifizierung der Ziellosigkeit wird übrigens häufig auch der buddhistischen Lehre unterstellt. Die westliche Vorstellung vom Buddhismus ist die von tiefenentspannten Mönchen, die die Abkehr von den weltlichen Dingen leben, weil die Realität für sie nichts als eine Illusion ist. Diese Abkehr von den weltlichen Dingen bedeutet natürlich auch die Abkehr von Zielen, vom Wunsch, etwas zu erreichen oder zu erschaffen. Nach dem Motto: Besser, man erarbeitet sich eine hohe Gelassenheit und wartet ab, was das Leben einem beschert.

Das ist eine sehr verbreitete Vorstellung vom Buddhismus. Als jemand, der seit über 20 Jahren intensiv meditiert und mit diversen Lehrern aus Tibet, Indien, Thailand und Burma praktiziert hat, kann ich nur sagen: Das ist ein Irrglaube!

All diejenigen, die glauben, dass sich Erleuchtung durch entspanntes Chillen unter einem Mangobaum realisieren lässt, haben den Buddhismus gründlich missverstanden. Denn so einfach ist es gewiss nicht! Mit dieser Gelassenheit wäre auch Murray niemals ins Wimbledon-Finale gekommen.

Ja, was nun? Gelassenheit oder Ehrgeiz? Was ist besser? Und wie ist das mit den Zielen? Braucht es welche oder nicht?

Die Antwort ist ja und nein.

Ja, es gibt eine Ebene, auf der Sie sagen könnten: Ziele sind Humbug. Nämlich dann, wenn Sie sich von Zeit und Raum lösen. Wenn Sie lange genug meditieren, erreichen Sie eine spirituelle Ebene, auf der es kein »Ich« mehr gibt. Auf dieser Ebene ist alles eins, und sämtliche Objekte sind lediglich Ausdruck des Geistes, der sie erschafft. Reiner Geist – jenseits von Getrenntheit und Dualität. *Awareness recognizing itself through itself.* Klingt vielleicht nach starkem Tobak – was die alten buddhistischen Meister schon wussten, ist heute aber auch durch die moderne Naturwissenschaft bestätigt. Wie auch immer, hier brauchen Sie keine Ziele, weil sämtliche Ereignisse aus sich heraus geschehen und wieder vergehen.

Nun leben Sie und ich jedoch auch in einer Welt, in der es Raum und Zeit gibt. Und auch das »Ich«. In dieser dreidimensionalen Welt brauchen Sie Orientierung. Und dafür sind Ziele extrem nützlich. Es macht allen Sinn, sich zu fragen: »Wo will ich hin?« Und: »Wie komme ich dahin?« Wenn ich nach Venedig will, dann nützt es mir herzlich wenig, auf Geschehnisse des Lebens zu hoffen, die mich möglicherweise früher oder später einmal dorthin verschlagen. Möglicherweise. Vielleicht. Irgendwann. Nein, wenn ich nach Venedig will, dann muss ich mir schlicht überlegen, wie ich dorthin komme. Und zu welchem Zeitpunkt ich das will. Andernfalls bleibt es relativ unwahrscheinlich, dass ich Venedig in meinem Leben jemals zu Gesicht bekomme.

Ohne Zeit und Raum brauchen Sie keine Ziele.
In einem Leben in 3D schon.

Okay, Ziele sind also wichtig. Ohne Ziele kein Erfolg! Aber Achtung: Ein Ziel allein macht noch keinen Erfolg. Denn Ziel ist nicht gleich Ziel …

Problematisch wird es, wenn Sie sich zwar ein Ziel auf die Fahnen schreiben, aber im Grunde keinen Bock darauf haben, sich auf den anstrengenden Weg zu machen. So richtig lockt Sie das Ganze nicht hinter dem Ofen hervor. Dann können Sie es auch direkt bleiben lassen. Sie lügen sich selbst in die Tasche und werden am Ende keinen Erfolg haben.

Ziele wirken nur, wenn Sie voll dahinterstehen. Richtig. Und es gibt noch ein Kriterium, das bestimmt, ob das ein Ziel ist, das Ihnen Erfolg bringt. In der Zielorientierung kann auch eine Falle lauern. Wenn Menschen ihr Ziel um jeden Preis erreichen wollen – und dabei vollkommen blind werden für ihr Umfeld, blind für die Realität, rutschen sie in eine Verbissenheit. Wenn eine Frau an die Familiengründung herangeht mit der fixen Idee »Ich *muss* ein Kind bekommen!« oder ein erfahrener Controller einen neuen Job antritt mit der Vorstellung »Ich *muss* unbedingt innerhalb des nächsten Jahres zum Controllingleiter aufsteigen!«, dann ist das Unglück vorprogrammiert. Nicht weil diese Ziele unerreichbar wären. Sondern schlicht weil die Menschen ihr Glück von der Zielerreichung abhängig machen. Weil es durch die Zielverbissenheit plötzlich nur noch zwei Optionen gibt: erreichen – nicht erreichen. Gewinnen – verlieren. Dazwischen? Nichts.

Wie viele Sportler trainieren jeden Tag genauso hart wie Murray und erreichen das Ziel trotzdem nicht? Die allermeisten … und für das Selbstwertgefühl, die psychische Gesundheit und das Glück dieser Sportler ist eine Frage entscheidend: Verfolge ich mein Ziel gerne? Mache ich das, was ich mache, weil ich es liebe? Oder nur, weil ich das Ziel erreichen möchte? Denn so schön die Vorstellung des Erfolges auch ist: Wir alle müssen damit rechnen, dass wir trotz bester Absichten und größtmöglicher Anstrengung scheitern werden.

Ein Ziel zu haben ist wichtig. Aber genauso wichtig ist es, verlieren zu lernen und sich neue Ziele zu suchen.

Ja klar, Erfolgserlebnisse sind der Hammer! Die Frage ist nur: Wie lange können Sie sich darüber freuen, dass Sie Ihr Ziel erreicht haben? Zehn Minuten? Eine Stunde? Einen Tag?

Andy Murrays Siegermoment hat maximal drei Minuten gedauert. Matchball. Auf die Knie. Klatschen und Jubeln. Das war der Gewinn. Mehr ist es nicht! Okay, noch eine Pressekonferenz danach, in der ihm ein paar Fragen gestellt wurden. Für diese halbe Stunde Anerkennung hat der junge Mann Jahre geackert und sein ganzes Leben auf Tennis ausgerichtet. In einer Zeit, in der andere mit Freunden rumhängen, das Studentenleben auskosten, sich ausprobieren, erste Beziehungen eingehen, hat er den Fokus voll auf eine Sache gerichtet.

Sind Sie bereit, das zu tun? Überlegen Sie sich gut, für welche Ziele Sie antreten und welche Ihnen zu teuer sind.

Und wenn Sie dann ein hohes Ziel haben und erreichen: Vergessen Sie nicht, dass der Sieg nicht das Leben ist. Ja, Sie stehen oben auf dem Siegertreppchen. Im Film kommt an dieser Stelle: »The End«. In Wirklichkeit ist gar nichts zu Ende. Das Leben geht einfach weiter. War das Leben, abgesehen vom Ziel vorher, glücklich, geht das Glück weiter. War das Leben unglücklich, geht das Unglück weiter. War das Leben leer, geht die Leere weiter.

Ja, wie schaffen Sie es denn, sich Ziele zu setzen, deren Erreichung nur noch das i-Tüpfelchen ist – aber nicht der Gradmesser für Ihr Glück? Die entscheidende Frage ist:

Wie verbinden Sie sich mit Ihrem Ziel?

Identifizieren Sie sich damit? Dann stecken Sie in der Zielverbissenheit. Stehen Sie dem Ziel gleichgültig gegenüber? Dann ist die Verbindung zu locker. Die richtige Verbindung ist, wenn Sie ein Ziel vor Augen haben, dem Sie sich vollends hingeben wollen. Das für Sie so wichtig ist, dass Sie bereit sind, alles zu geben – auch auf die Gefahr hin, dass Sie gnadenlos scheitern könnten. Andy Murray hat es geschafft. Er hat an diesem heißen Julitag seinen Traum wahr gemacht und Wimbledon gewonnen. Aber auch er hätte scheitern können. Der Gedanke daran ist nur realistisch.

Sie werden nicht jedes Ziel erreichen. Es gibt schlicht Dinge im Leben, die sind größer als Sie und ich. Geben Sie alles. Wenn Sie Ihr Ziel dennoch nicht erreichen, dann heißt das nicht, dass Ihr Ziel schlecht war oder Sie nicht genug daran geglaubt haben. Es ist einfach nicht gelungen. Punkt.

Do it anyway!

9. Glück

Eine Klientin von mir sagt in unserem Gespräch: »Ich bin wirklich glücklich in meinem Leben. Doch ich mache mir solche Sorgen, dass dieses Glück nicht ewig ist.«

Ich denke kurz nach. Dann sage ich: »Dazu haben Sie auch allen Grund.«

Sie starrt mich fassungslos an. Dabei habe ich ihr diesen Satz nicht deshalb gesagt, weil ich sie treffen wollte. Nein, ich habe ihn gesagt, weil es stimmt: Kein Glück währt ewig. Weder ihre tolle Ehe noch der gute Job oder der schicke Wagen, noch nicht mal ihre zwei wohlgeratenen Söhne werden für immer sein. Das Hochgefühl wird vergehen: Die Ehe wird Tiefen durchleben, der Job wird sich wandeln oder langweilig werden, der Wagen Kratzer kriegen, die Jungs werden sich abnabeln. Und keine Macht der Welt kann das verhindern. Und doch klammern sich die Menschen an ein momentanes Glück, ganz nach dem Motto:

Der schöne Augenblick soll gefälligst bleiben.

Das ist nicht nur nicht hilfreich, sondern auch gefährlich. Denn aus meiner Sicht ist der häufigste Grund für Unglück der Versuch, am Glück festzuhalten. Oder das Glück an Bedingungen zu knüpfen, die Sie herbeizwingen wollen.

Ich kenne viele Menschen, die glauben, dass *wenn* sie fünf Kilo weniger wiegen werden oder *wenn* sie den Abteilungsleiterposten kriegen werden oder *wenn* sie den richtigen Mann oder die richtige Frau kennenlernen werden – dass sie *dann*, ja dann glücklich werden. Achten Sie mal darauf: Solche Glücksversprechen liegen immer in der Zukunft!

Glück gibt es aber nicht morgen, in einem Monat oder einem Jahr. Glück ist ein Gefühl, und deshalb lässt es sich nicht vertagen. Glück können Sie sich auch nicht erarbeiten. Das funktioniert nicht: »Wenn ich diese Karrierestufe noch erklimme, jenes Auto noch kaufe, dann werde ich in jedem Fall glücklich.« Nein. Glück geschieht. In diesem Moment. Und den sollten Sie nicht verpassen. Egal, ob Ihre Spülmaschine den Geist aufgibt, Ihr Auto mal wieder nicht anspringt oder ob Ihr Partner gerade nervt.

Dazu erzähle ich Ihnen eine Geschichte, die ich sehr liebe:

Ein Zen-Mönch rennt um sein Leben. Zwei Tiger verfolgen ihn. Er rennt so schnell er kann, doch die Tiger kommen näher. Und näher. Und noch näher. Er hört ihr Hecheln und glaubt, ihren Atem an seinen Fersen zu spüren. Da tut sich vor ihm ein gähnender Abgrund auf, so tief, dass er den Grund nicht sieht. Gehetzt blickt er sich um: kein Ausweg mehr. Hinter ihm setzen die Tiger bereits zum Sprung an. Doch er will nicht zerfleischt werden, also springt er. Im Fallen greift er nach einer dicken Wurzel, die aus dem Felsen ragt, und bekommt sie zu fassen. Und da hängt er nun: unter ihm der Abgrund, über ihm die Tiger.

Und die Wurzel beginnt, gefährlich zu knacken. *No way out.* Da sieht er auf Augenhöhe eine Wilderdbeere: leuchtend rot auf sattem Grün. Er greift mit der freien Hand danach, pflückt sie und führt sie zum Mund.

»Oh, wie köstlich!«

Das ist der perfekte Zen-Moment. Das ist Glück und wie man es findet. Jederzeit und überall.

Vor Kurzem habe ich eine Bergwanderung gemacht. Doch ich war nicht allein: Während ich fasziniert zwei junge Rehe beobachtete, hörte ich hinter mir schon von Weitem eine Truppe von Wanderern kommen. Sie waren dermaßen laut, dass ich jedes Wort ihres Gespräches mitbekam: »Hast du das gestern gesehen? Der fette Walter hing schon wieder den ganzen Tag am Bürofenster und hat die Kennzeichen aufgeschrieben von denen, die länger als zehn Minuten auf dem Kurzzeitparkplatz stehen geblieben sind. Der hat anscheinend sonst nichts zu tun.« »Sein Schreibtisch quillt über, aber das juckt den Depp überhaupt nicht.« »Aber selbst wenn er was tut, kommt nichts dabei raus. Hoffentlich schmeißen sie den endlich raus.« Die Truppe hatte sich regelrecht in Rage geredet.

»Na klasse«, denke ich, »die brüllen den halben Wald zusammen, ohne es auch nur zu bemerken.« Es war offensichtlich: Diese Truppe war noch im Büro. Oder im Konferenzraum. Oder in den Fluren ihres Unternehmens. Am Berg waren die Jungs jedenfalls nicht. Und auch nicht bei den beiden Rehen: Die hatten nämlich schnell das Weite gesucht. Was ich gut verstehen konnte.

Da bewegen sich Menschen mitten in der schönsten Natur, und was tun sie? Sie sind gar nicht da! Dadurch haben sie überhaupt keine Chance, neue Erfahrungen zu machen. Denn um Neues zu erfahren, muss man sich von dem bereits Erlebten lösen und – ganz einfach – die Augen und Ohren aufmachen. Wahrnehmen, was um uns passiert. Sich dem Glück öffnen heißt, sich dem Moment zu öffnen. Gedanken an Vergangenheit und Zukunft machen Glück unmöglich.

Wanderer, die nicht in die Landschaft schauen, sondern in Gesprächen über vergangene Begebenheiten verharren, verhindern, dass die Dinge, die jetzt da sind, bei ihnen ankommen. Der Duft der Bergwiese. Die warme Brise auf ihrer Haut. Oder eben die beiden jungen Rehe. Auf diese Art ist es unmöglich, auch nur einen einzigen Glücksmoment zu genießen.

Dabei ist Glück zu empfinden so simpel! Das ultimative Glück spüren Sie, wenn Sie sagen können: »In diesem Moment bin ich glücklich.« Nicht weil Sie auf das Glück gewartet haben, sondern weil es Sie erreicht hat. Weil Sie es gesehen, gehört, gerochen haben.

Glück lässt sich weder planen noch erzwingen. Kein Gegenstand, kein Liebhaber, kein Kind wird Ihnen garantiert ständig Glück bereiten. Denn alles Glück, das vom Vorhandensein oder Nichtvorhandensein von äußeren Umständen abhängt – sei es von anderen Menschen oder von äußeren Dingen –, ist vergänglich.

Das ist hart, ist aber so. Das heißt nicht, dass Sie Ihr Ferienhaus, Ihre Freunde oder Ihren Partner nicht genießen dürfen. Es ist völlig okay, Freude an Liebgewonnenem zu haben. Wenn Sie aber glauben, dass Ihr Ferienhaus am Meer, Ihr jetziger Freundeskreis oder Partner Sie auf Ewigkeiten glücklich machen muss, dann irren Sie sich. Im Gegenteil: Dieser Glaube verhindert das Glück, weil er Sie zwingt, an bestehenden oder vergangenen Glückszuständen festzuhalten.

Genießen Sie das Glück.
Gerade weil Sie es verlieren werden.

Heißt das jetzt, dass Sie überhaupt keinen Einfluss auf Ihr Glück haben? Nur abwarten und Tee trinken? Nein, ganz so ist es nun auch nicht. Es gibt tatsächlich etwas, das Sie tun können: Sie können aufhören, zu vergleichen. Zunächst einmal können Sie aufhören, sich selbst mit anderen zu vergleichen. Denn da draußen gibt es immer jemanden, der schöner, intelligenter, schlauer, reicher, attraktiver, eloquenter, zielstrebiger und erfolgreicher ist als Sie. Indem Sie sich mit all diesen Menschen vergleichen und bei sich Defizite feststellen, tragen Sie aktiv und – jetzt, seitdem Sie es wissen – vorsätzlich zu Ihrem Unglück bei. Hören Sie auf damit, denn Sie sind, so wie Sie sind, bereits vollkommen. So wie jeder andere Mensch auf diesem Planeten.

Und tun Sie mir einen Gefallen: Wenn Sie sich nicht mit anderen vergleichen, dann begehen Sie bitte auch nicht den Fehler, Ihre jetzige Situation mit früheren Lebensphasen zu vergleichen, die Sie als viel angenehmer empfanden. Erst wenn Sie aufhören zu vergleichen und jetzt leben, sind Sie offen für das Glück. Machen Sie es wie die Kinder: Seien Sie neugierig und lassen Sie auch mal die Option »Überraschung« oder »Staunen« zu. Wir Erwachsene meinen zu häufig, schon zu wissen, was der andere sagen will, und hören deshalb gar nicht mehr genau hin. Damit unterliegen wir aber nur dem »Confirmation Bias« und versperren uns dem Glück.

Es gibt aber noch etwas, was Sie tun können, um es dem Glück leichter zu machen, den Weg zu Ihnen zu finden. Zum Beispiel, indem Sie die Dinge aus dem Weg räumen, die Ihnen die Sicht auf den herrlichen alten Baum am Wegesrand versperren. Oder indem Sie nach einem rappelvollen Arbeitstag das Geschäftsessen sausen lassen. Oder indem Sie, wenn der Carport fertig ist, nicht schon die Vergrößerung für den geplanten Zweitwagen auf die Agenda holen, sondern sich eine Ruhe- und Genusspause gönnen. Wie soll sonst in dieser Alltagshektik ein Glücksmoment entstehen?

Die Zauberformel ist also, Platz schaffen, statt immer weiter aufzufüllen. Denn Vorsicht: Dinge, die uns umgeben und um die wir uns kümmern müssen, machen nicht glücklich. Im Gegenteil. Sie sind klassische Glücksverhinderer! Sobald wir etwas müssen, hört das Glück auf. Dann gilt nämlich: Nicht wir besitzen die Dinge. Sondern die Dinge besitzen uns.

Deshalb schauen Sie mal nach: Wie viele Dinge haben Sie in den vergangenen zwei Jahren erworben, von denen Sie glaubten, sie würden Sie glücklich machen. Und? Sind Sie glücklicher?

10. Sein

Was ist das eigentlich, das Sein? Diese Frage zieht sich durch die gesamte Philosophiegeschichte, und aus philosophischer Sicht ist das Sein die Eigenschaft, die allen Wesen gemeinsam ist, nachdem ihre individuellen Merkmale abgezogen wurden. Mit anderen Worten: Wenn Sie dem Tisch seine vier Beine, seine Tischplatte, seine Beschaffenheit, seine Materialien, seine Funktionalität, seine Ästhetik und seine symbolischen Bedeutungen abziehen, dann sind Sie vermutlich bei der letzten Eigenschaft gelandet, die der

Tisch noch hat: die Tatsache, dass er ist. Und diese Eigenschaft wiederum hat er mit allen anderen Gegenständen und Wesen gemein, die es auf der Welt gibt. So gesehen sieht die Philosophie das Sein als Gegenbegriff zum Nichts. Und das ist auch vollkommen korrekt.

Und jetzt? Was machen Sie mit dieser Erkenntnis?

Vermutlich nichts. Denn so sehr sie auch richtig ist, so wenig ist diese Seins-Definition eine praktische Hilfe, um im Leben herauszufinden, was gerade tatsächlich los ist. Was geht gerade vor sich, wenn mein Partner sich von mir abwendet? Was ist los, wenn mir mein Chef die Hölle heiß macht? Was geschieht tatsächlich, wenn ich verliebt bin? Wo liegt die Wahrheit, wenn zwei sich streiten? Hier, behaupte ich, haben wir Menschen die größten Defizite.

Wir wissen einfach nicht, was IST.

Denn das, was wir sehen, ist letzten Endes eine sehr subjektive Angelegenheit. Es ist nun mal so, dass wir die Welt nur durch unsere eigene Brille wahrnehmen können. Sie durch Ihre, ich durch meine. Natürlich gibt es so etwas wie eine objektive Welt da draußen, die keinen »Schwankungen« unterliegt, die von der menschlichen Wahrnehmung beeinflusst werden. Tatsache ist aber, dass kein Mensch auf dieser Erde diese objektive Wahrheit – das pure Sein – einfach wahrnehmen kann. Denn jeder von uns hat seine eigene eingebaute Wahrnehmungsbrille, die er schlicht nicht ablegen kann. Sie gehört zum Menschen genauso untrennbar dazu wie die Leber, das Herz oder die Nieren. Und das führt dazu, dass bei der Frage, wer Recht hat, jede der streitenden Parteien sofort sagen würde: »Ich!« Jede Partei hätte eine sehr plausible Erklärung dafür, und Sie würden als Außenstehender jeder Partei recht geben können. Denn solange Sie nicht eine Außensicht haben, können Sie nur den beiden jeweiligen Einzelsichten glauben. Und Tatsache ist: Jeder hat in seiner Welt recht. Jeder hat seine eigene Wahrheit.

So weit, so gut. Jetzt wird es aber ein bisschen komplizierter. Denn neben den jeweils subjektiven Wahrheiten gibt es da draußen noch eine objektive Wahrheit. Die kennt keiner von uns, sondern nur der liebe Gott, in welcher Form es ihn auch immer gibt: als Mann mit Bart oder als universelle Präsenz. Zwischen der subjektiven und der objektiven Wahrheit klafft manchmal eine Lücke. Manchmal sind es sogar tiefe Abgründe, die sich auftun. Und je größer die Differenz zwischen subjektiver und objektiver Wahrheit, desto eher leidet der Mensch. Denn seine Sicht ist benebelt. Er agiert aufgrund von Annahmen und Interpretationen, die mit der Wirklichkeit nichts gemein haben.

Das sind die Momente, in denen es Ihnen richtig dreckig geht. Ihr Kunde kommt auf seltsame Schnapsideen, Ihr Chef drückt Ihnen Arbeiten auf, die Sie niemals schaffen können, Ihr Partner fängt wieder die gleiche end- und ergebnislose Diskussion an, die in tagelanger Funkstille endet. Kurz: Sie haben richtig Ärger mit Ihren Mitmenschen. Oder ernsthafte Probleme mit Zeit oder Geld.

Das sind die Momente, in denen Sie nur wissen bräuchten, was die objektive Realität ist – was also wirklich ist –, und alles wäre gut! Dann wüssten Sie nämlich, dass Ihr Kunde deshalb so viele Ideen einbringt, weil er sich von Ihnen schon länger nicht verstanden fühlt.

Sie wüssten dann auch, dass der Chef Ihnen nur deshalb so viel Arbeit aufdrückt, weil Sie immer »Ja, mache ich« antworten und nie: »Chef, das schaffe ich nicht.« Sie müssten sich nur einmal trauen, Nein zu sagen, und schon würde sich etwas verändern.

Sie wüssten dann auch, dass Ihr Partner nicht deshalb Theater macht, weil er streitsüchtig ist, sondern weil Sie ihm schlichweg nicht zu verstehen gegeben haben, was Ihre Bedürfnisse sind. Sie müssten sie nur klar äußern, und alles wäre gut.

Mit anderen Worten: Wenn Sie jederzeit wissen würden, was wirklich los ist, hinter der oberflächlichen Fassade dessen, was los zu sein scheint, dann gäbe es in Ihrem Leben kein Leid.

Aber wie kommen Sie dahin? Wie erfahren Sie, was ist?

Die Antwort ist simpel – aber die Umsetzung erfordert Disziplin: Indem Sie beginnen, Ihre Wahrnehmungsbrillen zu erforschen. Indem Sie jedes Mal, wenn Sie merken, dass Sie leiden, nicht Ihr Gegenüber anschuldigen, sondern sich auf innere Expeditionsreise begeben. Indem Sie also immer wieder fragen: Was steckt dahinter – hinter dem, was vordergründig los ist?

Ein typischer Fall, in dem Leid entsteht, und damit auch ein wunderbarer Anlass zur inneren Erforschung, ist das, was ich scherzhaft »Beziehungsverklammerung« nenne: »Weil du so bist, geht es mir so schlecht.«

In diesem Satz steckt der vielleicht tiefste Abgrund zwischen objektiver und subjektiver Wahrheit. Denn eins ist klar: Gefühle machen wir uns nur selbst. Kein anderer Mensch auf dieser Welt kann uns Gefühle machen. Andere können durch ihre Worte und Handlungen bestimmte Gefühle in uns auslösen, aber welches Gefühl in uns entsteht, das entscheiden immer wir selbst – unabhängig von der Handlung des anderen. Sondern rein aufgrund unserer Wahrnehmungsbrille. Und in aller Regel unbewusst.

Ich mache es konkret. Vorhang auf: Auf der Bühne sind zwei Räume zu sehen, in dem einen die Magdalena, in dem anderen der Thomas. Der Haussegen hängt sichtlich schief, die beiden haben mal wieder ihr »Lieblingsgespräch« geführt. Sie will ein Kind, er fühlt sich nicht reif dafür. Das ganze schaukelt sich hoch, sie schreit ihn an, er zieht sich zurück, sie knallt die Tür und verzieht sich ins Schlafzimmer, er geht vor den Computer und lenkt sich ab. Jetzt liegt Magdalena frustriert im Bett und heult ins Kissen, während Thomas nachts um zwei immer noch Serien guckt. Das ist Leid hoch zehn! Keiner der beiden hat auch nur die leiseste Ahnung, was gerade wirklich ist.

Magdalenas subjektive Wahrheit ist: Weil Thomas immer noch keine Kinder will, ist sie unglücklich. Sie steigert sich hinein in eine irrsinnige Wut auf Thomas und merkt nicht, dass hinter der Wut eigentlich ein Gefühl von tiefer Traurigkeit steckt.

»Scheißthomas!«, schimpft sie vor sich hin und will mit allen Mitteln, dass Thomas endlich anders wird! Dabei ist dieser Thomas nicht da. Was da ist, ist ihre Traurigkeit. Aber diese nimmt sie nicht wahr. Würde sie sich der Traurigkeit zuwenden und fragen: Was ist die Wahrheit dahinter?, würde sie sich die Wiederholung dieses Streites künftig sparen können. Denn sie würde anfangen zu erkennen, was bei ihr gerade ist. Erst mal Traurigkeit. Und das spannende dabei: In dem Moment, wo wir unsere Aufmerksamkeit auf das richten, was ist, verändert es sich. Die Traurigkeit transformiert sich, womöglich schlägt sie in ein anderes Gefühl um. Auch das will gefühlt werden. Tut sie es, transformiert es sich weiter. Würde Magdalena die Gefühle und Gedanken erforschen, die gerade da sind, würde sie immer klarer und bewusster. Und sie würde erkennen, dass sie in einem Muster gefangen ist: »Ich bin das Opfer von Thomas.«

Sobald sie diese objektive Wahrheit erkennt, wird sie handlungsfähig. Denn sie erkennt damit auch: Das stimmt doch gar nicht! Sie erkennt also den Täter in sich, sie erkennt, was sie selbst tut, um sich zum Opfer zu machen, und sie kommt auf neue Ideen, was sie künftig anders machen kann. Vor allem wird sie nicht mehr Thomas die Schuld für ihre miesen Gefühle in die Schuhe schieben. Ihr Verhalten wird sich schlagartig verändern. Weil sich ihre Identität verändert hat.

Genau das passiert, wenn Sie beginnen, ihre Wahrnehmungsfilter zu erforschen. Sie lassen eine Identität nach der anderen los und kommen immer mehr zu Ihrem Wesenskern. Vorausgesetzt, Sie bleiben dran und erforschen sich weiter – von Moment zu Moment.

Das Sein versteckt sich in allem. Aber finden muss es jeder für sich. Es ist ein fortlaufender Prozess der Wahrheitsfindung, der nie aufhört.

Bon voyage!

11. Lösung

Anton ist ein Coachingklient: ein hoch dotierter Manager, hager, Bürstenhaarschnitt, stechende Augen. Ein Typ, der einem das Gefühl gibt, du musst einen Wintermantel anziehen, so kalt kommt der rüber.

Dieser Anton ruft mich an und sagt nur: »Nicholas, ich brauche dich. Jetzt.« Ich bin alarmiert, denn ich erkenne seine Stimme kaum wieder. Irgendetwas muss passiert sein. Ich steige ins Flugzeug. Direkt. Er kommt mir von daheim entgegen. Wir treffen uns am Flughafen in einem dieser anonymen Konferenzzentren.

Er stellt sich ans Fenster und starrt in den grauen Tag: »Ich fass das einfach nicht. Ich habe mir für diese Position den Arsch aufgerissen, Mann! Jeden Sonntagabend die 300 Kilometer hin gependelt und Freitagnacht zurück. Neun volle Jahre lang. Und dann kickt mich dieses Schwein von neuem Vorsitzenden aus dem Vorstand. Einfach so. Und tschüss.« Anton tritt mit voller Wucht gegen die Wand.

Dann drückt er seine Stirn an die kalte Fensterscheibe und fährt leiser fort: »Ich habe meine Sachen ins Auto geschmissen und bin noch am gleichen Tag die 300 Kilometer nach Hause gedampft. Wenigstens da alles gut – dachte ich.«

Anton macht eine Pause, zieht sich einen dieser billigen Bürostühle heran und sinkt darauf zusammen. Mit krächzender Stimme sagt er: »Nach drei Wochen hat Karo ihre Koffer gepackt und ist ausgezogen. In diesen drei Wochen, in denen ich zum ersten Mal durchgehend zu Hause war, hat sie gemerkt, dass wir uns nichts mehr zu sagen hätten. Die Kinder hat sie gleich mitgenommen.«

Er schaut mich direkt an und sagt: »Jetzt stehe ich da. Ohne Familie, ohne Job. Sag mir: Was mache ich jetzt? Ich muss jetzt sofort was tun, sonst dreh ich durch!«

Ich lehne mich vor und sehe ihm eindringlich in die Augen: »Anton, du machst jetzt erst mal gar nichts.«

Der Impuls, der uns durchzuckt, wenn es uns schlecht geht, ist: »Tu was, damit das aufhört. Sofort.« Das ist menschlich, denn schnelle Lösungen verschaffen schnelle Befriedigung.

Das fühlt sich erst mal echt gut an. Es gibt Menschen, die machen das permanent so. Die laufen durch die Gegend und trompeten in die Welt hinaus: »Mir geht es eigentlich immer gut. Tschakka, die Welt ist so klasse!« Wenn ich so etwas höre, denke ich manchmal: »Auf welchen Drogen bist du denn unterwegs?«

Im Business-Sprech heißt das übrigens »permanente Lösungsorientierung« und ist voll angesagt. Ich weiß nicht, wie oft ich von den vermeintlichen Löwen des »Upper Managements« schon zu hören gekriegt habe: »Herr Pesch, in unserem Unternehmen kennen wir keine Probleme. Wir kennen nur Herausforderungen, und für die finden wir umgehend Lösungen.« Auch wenn das beliebte Sprüche sind: Das ist Blödsinn!

Eine permanente Lösungsorientierung führt dazu, dass wir Probleme nicht als solche akzeptieren. Klar ist es gut, sich von Problemen nicht hypnotisieren zu lassen. Klar ist es gut, nach Lösungen zu suchen. Aber wenn die Gier nach der Lösung überhandnimmt, dann weigern Sie sich, das Problem überhaupt anzuerkennen. Und das ist nichts anderes als das Ausklammern von Realität. Das ist die Vollnarkose für die Erkenntnis. Und führt unweigerlich dazu, dass es nicht die beste Lösung ist, die Sie finden können.

Ich sage keineswegs, dass es das Beste ist, nur noch zu jammern, wenn Sie in Schwierigkeiten stecken. Damit ist niemandem geholfen. Aber die dicksten Probleme möglichst zu ignorieren, nur um eine schnelle Lösung zu erzwingen – das ist noch krasser. Denn die Probleme verschwinden nicht, sondern kommen wieder. Und immer wieder.

Doch was ist dann der Weg? Oder der Schlüssel zur besten Lösung?

Das kann ich Ihnen sagen: Das ist die Zeit. Packen Sie ein Problem lieber nur einmal an, aber dann richtig. Auch wenn das mal länger dauert. Gerade wenn tiefe Gefühle mit im Spiel sind. Und das ist bei radikalen Veränderungen eigentlich immer der Fall, egal, ob im Business oder privat. Die Beteiligten müssen nicht nur auf rationaler, sondern auch auf emotionaler Ebene mitgehen können. Es bringt nichts, wenn alle Mitarbeiter das neue SAP-Tool begriffen haben, aber den Sinn hinter der Anwendung nicht verstehen. So wird sich selbst die innovativste Lösung nicht durchsetzen. Nur mit einem gewissen Quantum an Muße ist der Weg frei für eine vernünftige dauerhafte Lösung!

Ich will Sie aber auch warnen: Einfach ist der Weg nicht. Denn wenn Sie sich selbst die Zeit nehmen, dann werden Sie sich diesen negativen Emotionen stellen müssen. Der Wut und dem Frust. Der Trauer und dem Schmerz. Das gehört dazu.

Face the shit!

Diese Gefühle sind da, ob Sie sich ihnen aussetzen oder nicht. Sie zu verdrängen ist, wie ein Tuch über eine eiternde Wunde zu legen: Von außen ist die Entzündung nicht mehr zu sehen, aber die Infektion ist dadurch nicht geheilt. Sie wird weiter schwären.

Genau das wäre passiert, wenn ich Anton im Flughafen damals geraten hätte: »Komm schon, Anton. Reiß dich zusammen, wo bleibt deine Lösungsorientierung? Überleg doch mal: Was ist deine Vision?«

Dann hätte sich Anton zusammengerissen, sich umgehend einen neuen Job gesucht und eine neue Lebenspartnerin. Und wäre heute vielleicht gerade an genau dem gleichen Punkt wieder gelandet.

Doch was ist wirklich passiert? Er starrte mich zunächst an, und ich sah, wie sich seine Augen mit Tränen füllten. Wie seine Trauer aus ihm herausbrach. Zwei Stunden lang weinte er, ohne Pause. In diesem Moment kamen alle Emotionen, die er die vergangenen neun Jahre eingesperrt hatte, aus ihm heraus.

Er weinte, bis langsam Stille in ihn einkehrte. Und dann traf er in diesem kleinen, schmucklosen Meetingraum eine große Entscheidung: gegen die schnelle Lösung und für eine Lebensinventur.

Nicht funktionieren zu können war verdammt hart für Anton. Aber er hat durchgehalten. In dieser Zeit war er viel allein und hat sich mit dem Vergangenen auseinandergesetzt. Er hat ein super intensives Coaching durchgezogen und viele Therapiesitzungen mitgemacht. Das war alles andere als ein Zuckerschlecken. Er stand seinem verletzten, gekränkten Ego gegenüber. Splitternackt. In den ersten Monaten hat er nichts anderes gemacht, als zu akzeptieren, dass da keine schnelle Lösung ist, sondern nur Schmerz. Nur Kränkung, Verzweiflung und Wut. Er brauchte diese Rüttelstrecke, um eine gute Lösung zu finden. Um den Zugang zu sich zu finden.

Heute ist Anton wieder Vorstand. Er hat die Branche gewechselt und sich ein Unternehmen in seiner Nähe gesucht. Seine Kinder sieht er regelmäßig und ist ihnen ein liebevoller Vater. Anton ist ein emotionaler, zugänglicher und herzlicher Mensch geworden.

Er hat mit der Zeit seinen persönlichen Lösungsweg gefunden. Und Sie?

12. Geist

Was ist Geist? Ich meine jetzt nicht den Heiligen Geist aus der christlichen Kirchenlehre oder ein Schlossgespenst. Ich meine den Geist, mit dem Sie Ihre Welt erleben, der Sie mit der Welt überhaupt erst verbindet. Das, was Sie ausmacht. Das, womit Sie denken. Wobei … ist das so? Denken Sie mit Ihrem Geist? Oder denkt Ihr Geist mit Ihnen?

»Was für eine blöde Frage!«, ist es kürzlich aus einer Seminarteilnehmerin herausgeplatzt. Und die anderen haben es gedacht.

»Stimmt«, habe ich geantwortet. »Das ist eine blöde Frage, denn die Antwort ist sonnenklar. Und Sie werden es gleich selbst erleben. Wir machen eine Meditation. Wer hat schon mal eine Meditation gemacht?«

Keiner meldet sich.

»Gut. Dann setzen Sie sich bequem und aufrecht hin. Es ist ganz einfach. Schließen Sie die Augen und folgen Sie meiner Stimme.«

Ich spreche ruhig und klar: »Fokussieren Sie sich auf den Atem. Sie nehmen das Einatmen wahr, das Ausatmen, die kleine Pause. Das Einatmen, das Ausatmen, die Pause. So entsteht ein Objekt aus drei Punkten: Sie folgen dem Einatmen, Sie folgen dem Ausatmen, in der kleinen Pause spüren Sie in Ihren Körper.«

Ich elaboriere die Übung noch etwas, lasse sie ein Objekt aus sieben Punkten schaffen. Ihr Geist hat genug zu tun. Eigentlich.

Das mache ich fünf Minuten lang und dann frage ich: »Und wer von Ihnen war jetzt die ganze Zeit bei seinem Atem?«

Die Teilnehmer schauen sich an und kein Einziger hebt die Hand. Ich bin erleichtert, weil sie alle ehrlich sind.

Dann frage ich: »Und wer von Ihnen ist dauernd weggesurft? Und wäre ganz weg gewesen, wenn ich nicht immer wieder gesagt hätte: ›Schauen Sie, wo Ihre Aufmerksamkeit jetzt ist. Und wenn sie fortgewandert ist, bringen Sie sie sanft zurück zu Ihrem Atem.‹«

Die meisten nicken.

»Sie sehen, wer da mit wem denkt?«, frage ich lächelnd und fahre fort: »Und was waren das für Gedanken, die Ihnen durch den Kopf geschossen sind? Waren sie strukturiert?«

»Nein, überhaupt nicht,« grinst einer. »Da war irgendwas mit Gummibärchen und dann was von vorgestern und dann was mit meiner Oma – nur unzusammenhängendes, wirres Zeug.«

»Genau. So haben Sie fünf Minuten lang erlebt, wie Ihr Geist funktioniert. Nicht nur eben, sondern immer. In der Meditation haben Sie es nur bewusst wahrgenommen. Wissen Sie, was die Tibeter sagen?«

Ich schaue in fragende Gesichter.

»Sie sagen:

Dein Geist ist wie ein ungezähmtes Pferd.

Nicht du führst es, sondern es führt dich.«

Und so ist es: Unser Geist macht mit uns, was er will. Weil er sich unserer Kontrolle entzieht. Das passiert nicht, weil der Mensch seinen Geist nicht kontrollieren könnte. Sondern deshalb, weil er dem Menschen in aller Regel gar nicht bewusst ist. Weil er nicht einmal eine Ahnung von seiner Existenz hat.

Und warum ist das so? Weil Sie Ihren Geist normalerweise nicht wahrnehmen. Und das ist die eigentliche Ursache für die Unkontrollierbarkeit: Das, was Sie nicht wahrnehmen, können Sie auch nicht kontrollieren.

Was wir dagegen im Alltag wahrnehmen, ist unser Körper. Bei ihm ist es Ihnen sonnenklar: Den wollen Sie nicht nur kontrollieren, den wollen Sie auch trainieren. Inzwischen ist es Common Sense in der westlichen Welt, dass das sehr hilfreich und nützlich ist. Selbst die, die es nicht machen, finden das richtig. Viele besuchen inzwischen ein Fitnessstudio, und die, die nicht gehen, sagen: »Eigentlich müsste ich.«

Das heißt, wir trainieren unseren Körper. Das ist gut. Aber den Geist, 'der x-mal wichtiger ist für unser Leben, den nehmen wir noch nicht einmal wahr. Dabei sind wir sehr wohl fähig, ihn uns bewusst zu machen und ihn dann auch zu trainieren.

Der erste Schritt dahin besteht darin, ein Bewusstsein für Ihren Geist zu bekommen, Ihr wildes Pferd muss erst einmal ein Zaumzeug kriegen. Und dieses Zaumzeug ist die Meditation. Sie lehrt Sie anfangs, Ihre Gedanken und Gefühle überhaupt wahrzunehmen. Mit zunehmender Übung wächst Ihre Konzentrationsfähigkeit. Und damit beginnen Sie, aktiv in die Zügel zu greifen: Sie lernen, Ihren Gedankenstrom nach Gusto anzuhalten und zu lenken. Bis es so weit ist, dauert es – klar. Dafür müssen Sie regelmäßig üben. Aber es lohnt sich.

Warum? Die Antwort ist ebenso einfach wie schwer zu begreifen: Die Welt, die wir erleben, wie wir uns in dieser Welt orientieren, wie wir uns selbst erleben – das ist alles Schöpfung unseres Geistes.

Wir orientieren uns nicht in der Welt, wie sie ist. Auch wenn wir es meinen. Wir orientieren uns in der Welt, die wir selbst konstruiert haben. Wenn Sie morgens aufwachen, wissen Sie, wer Sie sind. Davon sind Sie felsenfest überzeugt. Und das ist auch hoch nützlich so: Das gibt Ihnen Sicherheit. Wäre ja schlimm, wenn Sie sich jeden Morgen erst einmal zusammensuchen müssten. Die Wahrheit aber ist: Sie haben keine Ahnung, wer Sie sind! Denn Ihr Geist hat Ihnen ein Ich konstruiert aus allem Möglichen: aus Geschichten, aus fundamentale Annahmen und aus Glaubenssätzen und Überzeugungen. Und er lässt Sie dieses Konstrukt immer weiter konsolidieren, indem Sie sich aufs Neue Erfahrungen suchen, die diese Geschichten untermauern: als selbsterfüllende Prophezeiungen.

Grausam, aber wahr: Damit stecken Sie in einem Gedankengefängnis. Und das hat keinen Ausgang. *You don't get out of the box*. Das ist so und bleibt so, zumindest solange Sie das Gefängnis nicht einmal bemerken.

Aus diesem Grund lohnt es sich sehr (und hier kann ich nicht genug Ausrufezeichen setzen), diesen Geist zu erforschen und ihn zu trainieren. Denn Ihr Geist konstruiert Ihr Ich und Ihre Welt so lange eigenmächtig vor sich hin, solange er die Kontrolle hat – und nicht Sie.

Ist das nicht eine verlockende Aussicht, mehr Einfluss zu gewinnen auf Ihre Welt? Nicht mehr Spielball des Geistes zu sein, sondern selbst zum Zug zu kommen?

Ihr Geist ist ein ungezähmtes Pferd, aber Sie können es zähmen.

13. Leid

Es gibt kaum jemanden, der heute nicht gut drauf ist. In unserer Glücksdiktatur ist es geradezu anstößig zu sagen, dass es gerade mies läuft. Allen geht es fantastisch. Und falls nicht, dann verkaufen wir die negative Erfahrung eben als »spannende Herausforderung«.

Mir wird ehrlich gesagt ziemlich schlecht, wenn ich das höre!

Tatsache ist: Zum Leben gehören auch unangenehme, schmerzvolle, ja beschissene Erfahrungen dazu. Niemand braucht sich dafür zu schämen. Schlechte Gefühle sind schlechte Gefühle. Und sie sind real. *That's it.*

Wenn Sie sich einen Muskel gerissen haben und sechs Wochen keinen Sport machen können, dann ist das richtig doof. Punkt. Wenn Sie drei Jahre mit einem Menschen zusammengelebt haben, den Sie echt mögen und der Ihnen eines Tages plötzlich offenbart: »Du, die letzten drei Jahre waren super mit dir. Aber jetzt ziehe ich weiter.« Dann tut das verdammt weh. Punkt.

Angst, Wut, Enttäuschung, Hadern, Frust, Schmerz, Verletztsein – all das gehört zum Leben dazu. Genauso wie Krankheit, Verlust, Trennung, Tod. Denn alles, was wächst, vergeht auch wieder.

Wie wichtig es ist, die Vergänglichkeit als Bestandteil des Lebens wahrzunehmen, zeigt eine buddhistische Geschichte, die ich sehr liebe:

Ein Kreis von Schülern steht um Buddha herum. Die meisten von ihnen waren schon sehr weit gekommen auf ihrem Weg der Meditation. Einer von ihnen allerdings hängt den anderen völlig hinterher. Buddha gibt ihm eine

Blume und sagt: »Leg diese Blume vor dich und meditiere auf diese Blume. Und hör nicht auf.«

Was, meinen Sie, ist mit der Blume geschehen? Richtig. Sie ist verwelkt. Die Blume ist gestorben. Aber in eben dieser Meditation über das Vergehen der Blume hatte der Schüler endlich zu seiner Erleuchtung gefunden.

Der Tod ist kein Feind des Lebens.
Er ist das Leben!

Wenn das so ist, wenn unangenehme Erfahrungen völlig okay sind, wenn sogar Krankheit und Tod nichts weiter sind als Facetten unseres Lebens, warum leiden wir dann so darunter? Wann und wodurch entsteht denn *Leid*?

Leid entsteht, wenn Menschen Gefühle, die zum Leben gehören, ausblenden. Ich kenne viele Menschen, die schleichen monatelang um ein Gefühl herum. Damit sitzen sie es nicht aus. Nein, damit konservieren sie es geradezu. Denn Verdrängen bedeutet nichts anderes, als ein Gefühl, das da ist, ins Unterbewusste zu drücken, um es nicht mehr zu fühlen. Aber dadurch verschwindet es nicht, sondern es agiert weiter – nur eben aus dem Dunklen. Und gerade weil sie nicht bewusst sind, haben unterdrückte Gefühle die schlechte Eigenschaft, das Leiden aufrechtzuerhalten.

Das Leid geht so nicht weg. Nie.

Dabei kostet es viel Energie, so zu tun, als ob alles super wäre. Die aufgesetzte gute Laune ist also maximal lauwarm. Je länger Menschen sich das antun, desto elender fühlen sie sich. So wie meine Bekannte Kerstin.

Kerstin ist mit dem Zug unterwegs nach Hamburg – frisch getrennt von einem Mann, der sich, wie alle anderen davor, »nicht reif genug fühlte«, um eine Familie zu gründen. Gedankenverloren beobachtet sie, wie eine Familie mit zwei Kindern zusteigt. Für den Bruchteil einer Sekunde spürt sie Frust. Frust darüber, dass sie selbst keine Familie hat. Am liebsten würde sie die vier anschreien: »Hey, mich kotzt es an, dass ihr so glücklich seid!« Doch plötzlich kriegt sie einen Riesenschreck. Was? Andere um ihr Glück beneiden? Das darf echt nicht sein! Sie kommt ins Gespräch mit der Familie, fängt an, mit den Kindern Jux zu machen. Sie ist besonders freundlich, bis nach Hamburg. Fünf Stunden heile Welt. Und der Frust im Untergrund steigt und steigt.

Kerstin strahlt. Doch dieses Strahlen hat etwas Mechanisches. Es ist nicht echt. Es gehört zu dem Plan, den Schein zu wahren, glücklich und zufrieden zu sein. Doch unter dieser aufgesetzten Fassade *leidet* sie. Sie fühlt in dem Moment etwas ganz anderes, lässt dieses Gefühl aber nicht zu. Hätte sie sich dem Neid gestellt, dann wäre sie auf den Kern gestoßen – auf ihre Wut und Frustration. Nur so könnte sie diese Gefühle erkennen und bearbeiten.

Gefühle zuzulassen bietet die Chance, diese auszuleben. Und ich sage bewusst aus*leben* und nicht aus*agieren*. Wenn Sie reingehen in den Schmerz, in die Trauer, dann durchleben Sie dieses Gefühl. Das bedeutet nicht, dass Sie zum Trauerkloß werden müssen. Das bedeutet, dass Sie die Traurigkeit in Ihrem Körper spüren und gleichzeitig beobachten, wie sie sich verändert. Indem Sie das Gefühl bewusst spüren – ohne sich in einen Gefühlsstrudel hineinziehen lassen –, hat es endlich die Chance, Sie zu durchlaufen. Wie eine Welle, die vom Meer an den Strand schlägt und sich dann auflöst. So lösen sich auch unsere Gefühle wieder auf und machen Platz für neue Gefühle.

Haben Sie schon einmal beobachtet, wie lange ein Kind weint? Wenn es so richtig traurig ist und aus tiefstem Herzen losheult, dann dauert das nicht länger als drei Minuten. Dann ist es vorbei. Sobald es vom Schoß der Mutter gesprungen ist, geht's wieder auf die Rutsche, zum Lachen und Toben. Traurigsein abgehakt. Nächster Punkt. Von den Kleinen können wir Erwachsene uns alle eine dicke Scheibe abschneiden.

Genauso gefährlich wie das Ausblenden der unangenehmen Gefühle ist aber auch die Identifikation mit dem Gefühl. Das passiert, wenn Sie in eine Emotion vollkommen abtauchen. Dann fühlen Sie nicht, dann sind Sie das Gefühl. Und Sie spüren, dass es keine Chance gibt, aus diesem Gefühl jemals herauszukommen. Wie auch? Sie können auch nicht aus Ihrer eigenen Haut heraus!

Dukkha, ein Schlüsselbegriff aus der buddhistischen Leere, der fälschlicherweise mit »Leid« übersetzt wird, spiegelt diesen Aspekt. Denn *dukkha* bedeutet eigentlich nur »verblendeter Geist«. Die Tatsache aber, dass dieser Zustand geistiger Verblendung mit dem deutschen Wort »Leid« gleichgesetzt wird, zeigt, wie sehr wir es gewohnt sind, unangenehme Gefühle als Anlass zum Leid zu nehmen. Faktisch gibt es allerdings einen Unterschied zwischen dem Gefühl, Schmerz zu empfinden und dem Leid. Und der Begriff *dukkha* zeigt, dass Menschen Schmerzen empfinden können – ohne zu leiden. Denn Leid entsteht erst, wenn sich der Geist mit dem Schmerz identifiziert.

Stellen Sie sich vor, nach 30 wunderbaren Ehejahren stirbt der Mann. Die Frau trägt Trauer, sie hüllt sich in Schwarz. Neue Kontakte zu anderen Männern sind undenkbar! Sie ist ja jetzt Witwe. Was diese Frau tut, ist nicht, ihre Gefühle, wie Schmerz und die Trauer, zu durchleben. Würde sie das tun, würde sie womöglich einige Zeit durchweinen und sich nach einer Zeit anderen Dingen zuwenden. Aber nein, sie trauert nicht. Sie *ist* die Trauer. Und so wacht sie jeden Morgen mit diesem traurigen Gefühl auf, schlüpft in ihre schwarze Kleidung und geht mit diesem traurigen Gefühl wieder ins Bett. Denn der Geist wird gefüttert mit der Geschichte »Ich bin jetzt Witwe«. Jeden Tag von Neuem. Ein tägliches Drama, das den Geist davon abhält zu sehen, dass jeder Tag voller neuer Möglichkeiten ist.

Pain is mandatory, suffering is optional.

Wenn Sie es schaffen, wie das weinende Kind, in Ihr Gefühl zu gehen, es zu durchleben, ohne eine »Story« daraus zu machen, dann passiert etwas Paradoxes: Sie erleben das unangenehme Gefühl und gleichzeitig können Sie aus der Distanz beobachten, wie Sie dieses Gefühl erleben. Ein wertvoller Raum zwischen Reiz und Reaktion entsteht – ein Raum, der Ihnen gestattet, das Gefühl zu erleben, aber nicht das Gefühl zu sein.

14. Moment

Der Moment ist das Ganze. Der Moment ist die Realität. Die einzige Realität, die es gibt. Denn der Moment davor ist bereits Vergangenheit und nicht mehr existent. Und der nachfolgende Moment ist es noch nicht.

Das heißt auch, dass der Moment nicht ein Teil der Zeit ist. Er ist die Zeit. Es ist naturwissenschaftlich erwiesen, dass unser Erleben von Zeit als Kontinuum reine Illusion ist. Zeit besteht aus nichts anderem als einer unverbundenen Abfolge einzelner Momente. Wir sind es, die daraus eine nicht hinterfragbare Abfolge konstruieren. Das, was wirklich geschieht, ist wie das Rattern einer Nähmaschine: tack, tack, tack. Erst wir machen daraus eine durchgängige Naht.

Ja, wir wissen das, und in einer platten Übersetzung haben die wissenschaftlichen Erkenntnisse auch schon Eingang in den Zeitgeist gefunden: Noch nie war unsere Gesellschaft so sehr auf das Jetzt fixiert wie heute. Viele Junge und auch Ältere zelebrieren es nach Strich und Faden: Gelebt wird sofort. Morgen ist weit weg. Es zählt nur der Moment: *You only live once and this is now.*

Und weil sie diesen Gedanken auf die Spitze treiben, ist jeder Gedanke an das Morgen verpönt. Auch an die Konsequenzen, die aus dem Handeln im Moment folgen. Aus dieser Haltung heraus wird es …

… unwichtig, Geld zu sparen: Hau es lieber heute auf den Kopf.

… unwichtig, schon nach dem zweiten Glas Wein aufzuhören: Lass dir von der Prüfung morgen nicht den Abend vermiesen.

… unwichtig, sich frühmorgens zum Kundentermin zu quälen: Bleib lieber im Bett.

Alles, was zählt, ist das Wohlbefinden jetzt.

Die, die so leben, behaupten von sich, voll und ganz im Moment zu leben. Das ist das Missverständnis. Diese Behauptung ist nichts als die Ausrede für »Ich lebe disziplinlos und völlig ohne Plan«.

Das, was diese Hedonisten einzig und allein feiern, sind die animalischen Instinkte. Begierde, Freude und Vergnügungslust übernehmen das Steuer und bestimmen, wie das

Leben verläuft. Alles, worauf es ankommt, ist nicht das Hier und Jetzt, sondern der pure Genuss.

Dabei ist dieses Primat der Instinkterfüllung eine Form der Regression. Wer so handelt, geht zurück ins unstrukturierte Kind-Ich.

Das Kind-Ich sagt: »Pleasure! Right here! Right now!«

Ein Kleinkind agiert exakt so: Es will jetzt die Süßigkeiten, auch wenn es gleich Abendessen gibt. Es will jetzt Remmidemmi machen, auch wenn alle anderen schlafen wollen. Es will jetzt die Sandschaufel haben, auch wenn die gerade an jemand anderes vergeben ist. Impulskontrolle gibt es in dem Alter noch nicht, das können die Kinder noch nicht. Und das ist auch okay so.

Aber wenn Sie das mit 37 Jahren immer noch nicht können, dann haben Sie ein Problem. Denn was Ihnen dann fehlt, ist ein verantwortungsvoller Umgang mit Ihrer kostbaren Lebenszeit.

Und wer da behauptet, nur so könne er das Kind in sich entdecken, der hat schon wieder etwas falsch verstanden: Die Stärke des kindlichen Denkens ist die Offenheit im Denken, nicht die Unkontrollierbarkeit im Handeln.

Was sagen Menschen, die regelmäßig schon zum 20. des Monats pleite sind und das Konto jedes Mal noch weiter überziehen, um sich den nächsten schicken Fummel zu kaufen? Oder die, die ihre Wochenenden im Delirium verbringen und erst am Dienstag wieder halbwegs nüchtern sind und den Mittwoch irgendwie überbrücken, um am Donnerstag wieder ins Vorglühen zu kommen fürs Wochenende? Die sagen: »Keine Kritik, Mann. Ich lebe eben intensiv.«

Ich sage: »Nein, du lebst nicht intensiv. Im Gegenteil: Du verweigerst dich dem Leben!«

Das klingt brutal. Ist aber so. Denn so jemand beschränkt sein Leben auf nur den einen Aspekt: den Rausch. Was er ausblendet sind die Konsequenzen, die das Handeln in diesem Moment für den Moment danach hat. Er lebt im Prinzip wie ein Drogenabhängiger: Er braucht den Stoff. Augenblicklich. Und sein Stoff ist der Rausch. Diese Einseitigkeit hat ihren Preis. Wer alles vermeidet, was weniger angenehm ist als der Rausch, wird irgendwann dafür zahlen.

Und wer so lebt, der übersieht etwas Entscheidendes: Zum vollen Lebensgenuss gehört mehr als das Anfüllen der Momente mit hochfliegenden Gefühlszuständen. Im Moment präsent zu sein, bedeutet eben nicht nur, seine aktuellen Gefühle wahrzunehmen, sondern auch die Konsequenzen des Handelns mitzudenken. Saufen jetzt – Kater später. Konsum jetzt – Konkurs später.

Wer die Konsequenzen ausblendet, blendet einen Teil des Lebens, einen Teil des Moments aus. Das reduziert den Moment und damit das Leben.

Okay, es gibt Menschen, die in dem Moment nur an die Konsequenzen denken und nicht an die Gefühle – das macht weder Spaß noch Sinn. Denn worum es wirklich geht, ist, einen Ausgleich zwischen den beiden Aspekten zu finden. Genießen Sie das Leben in der Gegenwart und seien Sie sich im selben Moment der Auswirkungen Ihres Handelns auf die Zukunft bewusst. Dadurch wägen Sie den sofortigen Genuss gegen spätere Belohnung ab und treffen eine bewusste Wahl.

Es spricht überhaupt nichts dagegen, zu feiern und es sich gut gehen zu lassen. Doch wenn Ihnen die Dauerparty die Ausrede dafür ist, keine Verantwortung für sich und Ihr Leben zu übernehmen, dann haben Sie etwas falsch verstanden. Das hat auch der Papst so gemeint, als er kürzlich sinngemäß gesagt hat: Das Leben hat mehr Sinn, als nur eine gute Party zu machen. Ein sehr kluger Satz.

Wenn über der Party der Job zum notwendigen Übel zwischendurch verkommt, wenn über das Geldausgeben heute das Haushaltsgeld von morgen in Gefahr gerät und wenn über das Fokussieren auf spontane Gelegenheiten alle langfristigen Pläne verbummelt werden, dann ist man aus dem Gleichgewicht geraten. Der Moment ist aus dem Gleichgewicht geraten. Er ist nicht ganz.

Um den Moment aber wirklich zu leben, braucht es das Ganze und nicht nur einen Teil.

FLUSS

15. Trägheit

Ich kenne einen Verlagsleiter, der ist eine richtig coole Socke.

In seiner Position ist er der liebe Gott: Alles, was in diesem Unternehmen arbeitet oder publiziert, tanzt nach seiner Pfeife. Und trotzdem merkt er schon seit einigen Jahren, dass er sich immer lustloser zur Arbeit schleppt.

Während er morgens am Steuer seines neuen Fünfers sitzt, fragt er sich inzwischen: »Sag mal, willst du das dein ganzes Leben so weitermachen?« Ein Haufen Kohle, tolles Renommee, alles schön und gut. Aber irgendwie findet er das inzwischen gähnend langweilig.

Jeder, der ihn kennt, beneidet ihn und denkt: So sieht Erfolg aus. Er selbst denkt inzwischen nur: So sieht Routine aus. Wie kann ich ausbrechen?

Wenn Sie einmal beruflich in den Bereich der Meisterschaft gekommen sind, also in den Bereich, in dem Sie das Gefühl haben, den Job wirklich zu beherrschen, dann können Sie mit meinem Bekannten womöglich mitfühlen. In jedem Menschen, der etwas aus dem Effeff macht, schlummern nämlich früher oder später ähnliche Gedanken. Wie ein Schatten tauchen sie auf und verdüstern die Stimmung. Konkret werden die Gedanken selten, weil uns oft der Mut fehlt, sie am Schlafittchen zu packen, rauszuziehen und sie direkt anzusehen. Viel einfacher ist es, sich in dieser düsteren Stimmung selbst in den Allerwertesten zu treten und zu sagen: »Mensch, komm! Stell dich nicht so an. Das ist die Midlife Crisis. Da muss jeder durch. Guck doch mal, was du alles hast! Du kannst doch echt zufrieden sein. Mach mal Urlaub oder gönn dir ein Glas Rotwein. Dann wird das alles wieder.«

So motivieren wir uns selbst, die öde Routine weiter zu ertragen, anstatt die dunklen Gedanken anzuschauen. Denn scheinbar ist es viel bequemer, das Leben so fortzuführen, wie es ist, anstatt etwas daran zu ändern. Aber wer erweckt denn diesen Schein? Wer flüstert uns ein, dass Weitermachen auf jeden Fall besser ist als Nachjustieren? Das ist die klebrige Kraft der Trägheit.

Die Trägheit erinnert uns daran, wie gemütlich der aktuelle Zustand doch ist. Und dass Gemütlichkeit deutlich wichtiger ist als der mögliche Gewinn durch eine Lebensumstellung. Also lassen wir uns noch ein bisschen tiefer in die Komfortzone sinken. Wie in die Sitzkuhle auf der heimischen Couch. Plüschig, kuschelig, warm.

Dabei ist die Trägheit – und da bin ich ausnahmsweise mal voll bei der katholischen Lehre – eine der sieben Todsünden im Leben. Trägheit macht das Leben nicht nur faul, sie macht es auch kürzer.

Kaum etwas lässt Sie schneller altern als die Trägheit.

Soll das heißen, dass Sie nur dann eine Chance haben, gesund zu bleiben, wenn Sie sich bis ans Lebensende abrackern? Müssen Sie mit 80 und 90 immer noch aus der Komfortzone gehen?

Ja und nein. Betrachten Sie das Leben lieber wie ein Sportler. Für den ist beides gleich wichtig: die Aktivität und die Erholung. Und jeder Sportler weiß, gutes Training besteht aus Phasen der Belastung und Phasen der Entlastung. Auch für Sie ist es unglaublich wichtig, dass es Phasen gibt, in denen Sie nichts anderes tun, als sich zu erholen. Das gilt für den Geist genauso wie für den Körper. Übrigens:

Mit Entlastung meine ich wirklich nichts tun. Auch nicht meditieren. Einfach nichts!

Nach der Entlastungsphase sollte aber auch wieder die Belastungsphase kommen. Dann geht es wieder raus! Raus aus dem Bett, hinein in die Trainingshalle. Raus aus der Komfortzone, hinein in die Lernzone. Das heißt: Ein gesunder Lebensrhythmus ist ein stetiger Wechsel zwischen Phasen der Forderung – Zeiten, in denen Sie etwas machen, was Sie noch nicht können – und Zeiten der Entspannung, in denen Sie sich der Muße hingeben. Je besser Sie in der Lage sind, zwischen diesen gegensätzlichen Zuständen hin und her zu wechseln, desto gesünder, lebendiger und zufriedener sind Sie. Je mehr Sie diese Zustände miteinander vermischen, desto unzufriedener sind Sie, ohne genau zu wissen, warum. Sie merken nur, das Leben zieht sich wie Kaugummi.

Manche nennen den Lebensstil, den ich hier vorschlage, unbequem und riskant. Ich nenne ihn spannend und herausfordernd. Nichts hält unseren Geist so fit, wie neue Dinge zu tun, zu erfahren oder zu lernen. Ein fremdes Land bereisen, ein neues Instrument erlernen, mit Menschen sprechen, mit denen wir sonst nicht sprechen. All diese Dinge können Sie auch noch mit 80 machen! Vielleicht ist es dann keine Fernreise mehr, aber eine Fahrt in die nähere Umgebung oder ein Spaziergang auf neuen Wegen ist jedem möglich. Das Alter spielt dabei gar keine Rolle. Solange Sie sich neuen Lernreizen aussetzen, machen Sie Fitness fürs Hirn. Hören Sie damit auf, brauche ich Ihnen nicht zu sagen, was passiert.

Ja, die Komfortzone zu verlassen ist nicht immer angenehm. Manche Erfahrungen fühlen sich befremdlich oder sogar bedrohlich an. Wenn das Lernen langsamer vorangeht, als Sie dachten, kann das schon Ihr Selbstbild erschüttern. Sie sind unsicher, verwirrt, stellen das Ziel oder die Aktion infrage. Und ich sage Ihnen: Sie befinden sich im besten Zustand, in dem Sie sein können. Wenn Ihr Selbstbild erschüttert ist, öffnet sich ein kleiner Spalt zu Ihrer wahren Natur. Behalten Sie ihn offen! Schütten Sie ihn nicht wieder zu! Sonst rutschen Sie sofort wieder in die Komfortzone ab. Und diejenigen, die in der Komfortzone versauern und jeden Tag dieselbe Schallplatte abspielen, sind am schlimmsten dran. Sie rutschen tiefer und tiefer in den Sumpf der Trägheit. Und je tiefer Sie drinstecken, desto schwerer ist es, wieder rauszukommen.

Klingt so, als seien diejenigen, die sich in der Komfortzone eingerichtet haben, die »Loser« unserer Gesellschaft und diejenigen, die sich herauswagen, die »Gewinner« der Gesellschaft. Erinnern Sie sich an meinen Bekannten vom Beginn des Kapitels? Er gilt als absoluter »Gewinner« des Systems, weil er äußerlich erfolgreich ist. Genau genommen: weil er *noch* erfolgreich ist. Und ausgerechnet »Noch-Erfolgreiche« wie er tragen das größte Trägheitspotenzial in sich. Der Schmerz, der für Veränderungen nötig ist, ist noch zu schwach. Menschen, die noch nicht viel erreicht haben, haben eine viel stärkere Motivation, sich zu strecken und die Komfortzone zu verlassen. Denn ihre Komfortzone ist erstens klein – und zweitens nicht besonders komfortabel.

Von der Trägheit am meisten gefährdet sind darum die, die am meisten Erfolg haben. Denn der Erfolg ist es, der träge macht.

Erfolgreiche Menschen haben keinen Grund, sich zu verändern.

Weniger erfolgreiche, aber motivierte Menschen können sie also mit Leichtigkeit überholen. So gesehen ist das Risiko, wenn Sie stur auf der Erfolgsspur bleiben, doch viel größer, als wenn Sie immer wieder die Komfortzone verlassen. Denn sobald sich in der Erfolgszone Routinen einstellen, die Sie nur noch abspulen, weil sie sich bewährt haben, sind Sie nicht mehr im Moment präsent und erkennen nicht, was jetzt gerade gebraucht wird. Das kann etwas ganz anderes sein als das, was gestern Erfolg gebracht hat! Das Festhalten an bewährten Erfolgsprinzipien ist der größte Feind des künftigen Erfolges.

Wenn Sie Glück haben, zwingt Sie das Leben sogar dazu, die Komfortzone zu verlassen. Indem es Ihnen eine Krankheit schenkt, dank der Sie eine ungute Eigenschaft an sich entdecken und dank der sie sich verändern können. Indem es Ihnen einen Partner schenkt, der Sie so lange in Ihrem Verhalten spiegelt, bis Sie erkennen, dass Sie etwas ändern möchten. Oder indem es Ihnen Arbeitskollegen, Mitarbeiter oder Vorgesetzte schenkt, die Ihnen den Spiegel vorhalten.

Möglich ist der Spurwechsel übrigens zu jeder Zeit im Leben. Mein Verlagsleiter zum Beispiel hat es gepackt. Er hat seinen todsicheren Job hingeschmissen, seine Sicherheit aufgegeben und dabei nicht nur so ein bisschen die Spur gewechselt, sondern das Lenkrad richtig herumgerissen. Er ist nicht etwa Leiter eines anderen Verlags geworden, sondern hat die Verlagsbranche verlassen und ist in die Autorenrolle gewechselt. Das ist es, was er schon immer machen wollte: Bücher schreiben. Was in den Augen anderer wie ein Rückschritt auf der Karriereleiter aussieht, ist für ihn ein großer Gewinn an Lebensfreude und Lebensqualität.

Wäre das Leben ein Film, würden Sie ihn jetzt sehen, wie er lachend die Treppe zum Verlagshaus hinunterhüpft und strahlend am Schreibtisch das erste Manuskript fertiggestellt. Happy End. Doch das Leben hat keine Ends. Deshalb verrate ich Ihnen, wie es weitergegangen ist.

Heute, knapp zwei Jahre später, sagt mein Bekannter, dass manches nach wie vor ungewohnt sei. Die Tatsache, dass er keine anderen mehr führt, sondern nur noch sich selbst. Die Tatsache, dass er nicht mehr mit anderen zusammenarbeitet, sondern allein am Schreibtisch. Die Tatsache, dass er merkt, er braucht mehr Selbstdisziplin als im strukturierten Arbeitstag im Verlag. Und selbst wenn er nach zwei Jahren noch nicht den optimalen Arbeitsmodus gefunden hat, auch wenn er sich noch nicht so produktiv fühlt wie im Verlag und selbst wenn nicht jede Geschichte, die er anpackt, sofort ein Volltreffer wird: Insgesamt fühlt er sich in vieler Hinsicht beschwingt. Bereuen? Nein, er bereut nichts. Keinen einzigen Tag. Sein Alltag fühlt sich endlich wieder nach Leben an.

Leben bedeutet Lebendigkeit – und das ist das Gegenteil von Trägheit! Und wenn die Entscheidung ansteht, ist eines klar: Lebendigkeit ist immer die bessere Wahl.

16. Angst

Umarme deine Angst!
Mache deine Angst zum Freund!
Überwinde deine Angst!
Gehe mit der Angst!
Mache es trotz der Angst!
Verbinde dich mit der Angst!
Lass dich von der Angst nicht beeinflussen!

An Ratschlägen rund um den Umgang mit Angst mangelt es nicht. In Büchern, auf YouTube, in Seminaren, am Stammtisch, an der Bushaltestelle, in der Apotheker-Rundschau, im Hundesalon: Überall bekommen wir ungefragt Anregungen, was wir mit unseren Ängsten machen können. Und was bringen sie?

Verblüffend wenig. Ratschläge, wie die oben aufgeführten, bringen wenn, dann nur für den Moment eine Linderung. Aber nicht dauerhaft. Warum? Weil ihnen die entscheidende Zutat fehlt: das Hinsehen. Sie überspringen alle den ersten Schritt: das Erkennen dessen, was der Angst zugrunde liegt. Ist es eine bestimmte Überzeugung, die die Angst antriggert? Liegt dahinter ein Trauma, das immer wieder evoziert wird? Was genau steht hinter der Angst? Bleibt diese Erkenntnis aus, meldet sich die Angst immer wieder.

Natürlich sind manche Menschen ängstlicher als andere. Klar. Und dennoch wage ich zu behaupten, dass jeder Mensch auf diesem Planeten Ängste hat. Und wenn ich »Ängste« schreibe, dann meine ich den Plural ernst. Wir alle tragen Erinnerungen an angstbesetzte Situationen in uns, und neue Ereignisse können die alten abgespeicherten Angstgefühle jederzeit wieder aktivieren. Wenn Sie Ihre Ängste also nicht kennen, glauben Sie nicht, dass Sie keine haben.

Ja, mit dem Erwachsenwerden verlieren wir die Angst vor Monstern und dunklen Zimmern, aber damit ist das Thema nicht abgehakt. Wer behauptet, er habe vor nichts Angst, macht sich nur eins: unglaubwürdig. Im Laufe Ihres Lebens werden Sie immer wieder mit Dingen konfrontiert, die Ihnen Angst machen. Nach den Monstern sind es vielleicht die Spinnen. Oder die Schlangen. Oder die Arbeitslosigkeit. Menschen haben vor allem Möglichen Angst: vor Höhe, vor Wasser, vor Flüchtlingen, vor Misserfolg, vor Rechtsradikalen, vor Chefs, vor Ehemännern, vor Eltern, vor Tauben, vor Langeweile … Die Liste lässt sich endlos fortsetzen. Und mit endlos meine ich wirklich endlos.

Eins ist so sicher wie der Tod:
Jeder Mensch hat Angst.

Wie Menschen mit ihrer Angst umgehen, ist jedoch verschieden. Die gängigste Variante ist die Vermeidung. Das, was Angst macht, wird elegant umschifft. Es gibt Leute, die partout nicht in ein Flugzeug steigen. Andere fahren keinen Fahrstuhl. Wieder andere kriegen Sie auf keine Leiter. Und einige gehen nicht aus dem Haus, weil sie sich vor öffentlichen Plätzen fürchten.

Vermeidung ist ein Weg. Kontrolliertes Ausleben ein anderer. Menschen, die ihre Angst kontraphobisch angehen, versuchen, einst passiv empfundene Angst aktiv in einem kontrollierten Umfeld auszulösen und auszuleben. Dabei entsteht Angstlust. Wer sich vor Feuer fürchtet, feuert an

Silvester umso mehr Raketen in die Luft. Wer Angst vor dem freien Fall hat, dreht gleich zwei Runden auf der Achterbahn.

In beiden Fällen sind sich die Betroffenen Ihrer Ängste *nicht* bewusst. Sie werden von ihrer Angst gesteuert, weil sie nicht wissen, was hinter der Angst steckt. Erst wenn sie die Angst anschauen und bewusst wahrnehmen würden, wären sie in der Lage, sich nicht mehr von ihr steuern zu lassen. Solange eine Angst aber unbewusst bleibt, hat der Betreffende keine Chance, die Korrelation zwischen Auslöser und automatischem Verhaltensmuster überhaupt zu bemerken. Alles, was derjenige mitbekommt, ist ein unangenehmes Gefühl, das ihm den Impuls gibt, es sofort zu kompensieren. Dieser Impuls ist so schnell, dass der Ängstliche ihn nicht einmal wahrnimmt. Er geht stattdessen automatisch in die Kompensation. Konkret spielt sich das so ab:

Stellen Sie sich einen Chef von der harten Sorte vor. Hochgradig dominant gibt er jedem Mitarbeiter das Gefühl, alles im Griff zu haben. Seine Meinung ist Gesetz, Widerspruch wird nicht geduldet. Hinter dieser oft abweisenden Maske verbirgt sich – wie bei jedem Menschen – eine verletzliche Seite. Doch die passt nicht in sein Konzept. Er versteckt sie mit aller Macht. Die Angst, dass doch jemand in seinem Umfeld hinter dieses Geheimnis kommen könnte, ist so groß, dass er seine Emotionen nicht nur vor anderen, sondern sogar vor sich selbst verheimlicht. Er tut alles dafür, dass niemand, wirklich niemand etwas von seiner Unsicherheit mitbekommt.

Die Angst, dass andere seine Verletzlichkeit bemerken könnten, steigert sich zusätzlich um die Angst, dass sie seine Kompensation bemerken könnten. Es braucht immer mehr Kraft und Anstrengung, um die Angst, die immer wieder anklopft, in den Keller zu schicken. Der Chef plustert sich immer dicker auf. Aber nachts, wenn er wach liegt, klopft die Angst besonders laut. Wenn gar nichts mehr hilft, greift er zu Medikamenten – dem populärsten Mittel gegen die Angst.

Aber kontinuierliche Kompensation bleibt nicht ohne Folgen, sondern führt irgendwann zu somatischen Beschwerden. Gerade Menschen, die alles im Griff zu haben scheinen, haben oft mit Herzschmerzen zu kämpfen. Auch der Rücken streikt. Der Körper signalisiert: »Ich kann nicht mehr!«

Diese Spirale aus dem ständigen Ausweiten der Angst und der immer größer werdenden Kompensationsdosis hält das System nicht ewig aus. Irgendwann implodiert es. Und der Manager bricht zusammen.

Unterdrückte Angst ist also hochgefährlich. Was tun? Die Angst zulassen? Okay, und dann? Der erste Impuls wäre, sie schnell wieder wegzuschieben, aber das ist nicht hilfreich.

Zunächst ist ein Umdenken nötig.

Angst ist an und für sich nichts Schlimmes. Sie ist auch nicht nur ein bedrohliches und gemeines Gefühl. Im Gegenteil: Sie ist eine ganz natürliche und nützliche Schutzfunktion des Körpers! Sie weist uns darauf hin, dass etwas gefährlich werden kann oder dass es uns schlecht bekommt, wenn wir so weitermachen wie bisher.

Stellen Sie sich ein Leben ohne Angst vor. Eine ganze Nation von todesmutigen, tollkühnen Draufgängern. Im Feierabendverkehr schnell zu Fuß über die neunspurige Autobahn sprinten? Klar! Aus Langeweile die Fassade des zehnstöckigen Hochhauses erklimmen? Ja, warum eigentlich nicht? Sich allein mit einem Mob gegnerischer Fussballfans anlegen? Aber hallo!

Nein, Angstfreiheit ist absolut nicht wünschenswert. Damit Sie und Ihre Mitmenschen in dieser Welt lebensfähig sind und bleiben, ist es gut, wenn Ihnen Ihre Angst meldet, dass es gefährlich wird.

Die Angst ist Ihr Schutzengel.

Und zugleich ein Hinweisschild. Sie warnt nicht nur vor potenziellen Gefahren, sondern zeigt uns auch das eigene Entwicklungspotenzial, indem sie uns zu unseren inneren Dämonen leitet. Was ich konkret damit meine, zeigt das Beispiel einer Bekannten von mir:

Es gibt kaum einen Abend, an dem Nico nicht unterwegs ist. Wenn sie mal kein Date hat, zieht sie allein los und trinkt sich durch die Cocktailbars des Glockenbachviertels. Die Männer drehen sich nach ihr um, und Nico flirtet mit vielen von ihnen – aber sie lässt keinen an sich ran. Sie ist ein Buch mit sieben Siegeln. Aber wenn man ihren Hintergrund kennt, dann wird vieles klar: Nico hat vor vielen Jahren ihre große Liebe, die sie heiraten wollte, in flagranti mit einer anderen erwischt. Seitdem ist sie innerlich verschlossen. Sie hat Angst davor, noch einmal verletzt zu werden, deshalb spielt sie nur mit den Männern, lässt sie aber nicht so nahe kommen, dass sie sie wieder verletzen könnten. Und damit verbietet sie sich unbewusst die Nähe zu einem Mann, also auch die Partnerschaft.

Auch wenn es nicht so scheint: Wie alle Ängste ist auch diese Angst nützlich! Wenn Nico ihren inneren Dämon erkennen würde – nämlich die Tatsache, dass *sie* zu ist, weil *sie* zugemacht hat –, dann würde er sich auflösen. Sie würde sich durch diese Erkenntnis weiterentwickeln und sich wieder unbefangen auf neue Männer einlassen können.

Erkennt sie nicht, dass sie Angst hat und was hinter ihrer Angst liegt, wird sie immer wieder an die Falschen geraten und nach mehreren frustrierenden Erfahrungen womöglich noch zur Männerhasserin.

Merken Sie sich diesen Gedanken: Jede Angst ist nützlich, solange sie da ist. Es gibt nämlich einen Grund, warum Sie die Angst spüren, und wenn Sie diesen erkennen, wird sich Ihre Angst mehr und mehr auflösen – und Sie werden sich immer freier fühlen. Daher: Haben Sie keine Angst vor der Angst! Sondern lassen Sie sie hochkommen und schauen Sie sie an.

Wenn Sie das nächste Mal eine Spinne sehen und Angst verspüren, wird Sie keiner zwingen, diese in die Hand zu nehmen. Fühlen Sie, wie die Angst in Ihnen hochkrabbelt, schauen Sie diese an und seien Sie neugierig, was hinter der Angst in Ihnen steckt!

17. Einsamkeit

Ich wohne in der einsamsten Stadt der Welt. Es ist die Stadt, die sich »Weltstadt mit Herz« nennt: München.

Ja, München ist groß. Die Einwohnerzahl liegt mittlerweile bei fast 1,5 Millionen und steigt immer weiter. Das Angebot an Begegnungsstätten ist riesig: Der Münchner hat die Wahl zwischen hunderten Vereinen, öffentlichen Plätzen wie Parks und Biergärten, unzähligen Kneipen und Restaurants, Kultur- und Bildungsstätten aller Art, Bürgertreffs und so weiter.

Doch in dieser Stadt voller Kontaktmöglichkeiten lebt jeder Dritte allein. Jeder Dritte! Damit führt die bayerische

Hauptstadt die Single-Hitliste unter den deutschen Städten an, wenn auch nicht mit großem Abstand: Die Anzahl der Einpersonenhaushalte in Deutschland ist insgesamt extrem hoch.

In Brasilien hingegen lebt kaum jemand allein: Dort ist es Tradition, dass die Familien samt Opas, Omas, Tanten und Onkel alle unter einem Dach hausen. Vor ein paar Jahren war ich dort zu Gast bei einer einheimischen Familie. Das waren ganz einfache Leute – nicht unbedingt auf Favela-Niveau, aber sie lebten definitiv in sehr bescheidenen Umständen. Und wirkten total zufrieden!

Dass diese aus materieller Sicht armen Leute glücklicher sind als so manche gut situierte Familie hier in Deutschland, hat auch viel damit zu tun, dass sie Tag für Tag mehr Gemeinschaft erleben. Selbst Hausangestellte fühlen sich oft so verbunden, als wären sie ein Teil der Familie.

Abgesehen davon, dass sie selten allein wohnen, sind Brasilianer nämlich auch kontaktfreudiger als wir Deutschen. Sie sind offenherzig und interessiert gegenüber Fremden. Der Südamerikaner geht nicht nur einkaufen, um den Kühlschrank aufzufüllen, sondern auch um zu fragen, wie es der Dame an der Supermarktkasse, ihrem Mann und den Kindern geht, und um mit der Nachbarin über Gott und die Welt zu plaudern. Jeden Tag verwandeln sich die tagsüber ruhigen Parks durch abendliche Samba-Bands in Open-Air-Tanzsäle. Die Menschen nutzen jede Gelegenheit, um spontan zusammenzukommen und miteinander zu feiern.

In Deutschland dagegen bedarf es harter, organisatorischer Arbeit, um nicht einsam zu sein. Wenn Sie am Abend nicht allein in Ihrer Wohnung sitzen wollen, müssen Sie sich schon aktiv um eine Verabredung kümmern, und zwar möglichst frühzeitig. Fragen Sie mal einen Single aus Ihrem Bekanntenkreis, welchen Wochentag er gerne abschaffen würde: Die Antwort wird nicht »Montag« sein. Dem allein Lebenden ist der leere Sonntag ein Graus!

Es ist nicht so, dass keiner der Singles die vielen Möglichkeiten nutzt, die ihnen eine Stadt wie München bietet. Im Gegenteil: Die Leute gehen ja raus oder suchen online nach Kontakt. Aber sobald die Haustür nach einer durchgetanzten Nacht hinter ihnen zufällt oder der Facebook-Chat beendet ist, kriecht es in ihnen wieder hoch: das fiese Gefühl von Einsamkeit.

Doch das geht nicht nur denen so, die ohne Partner oder Familie leben: Einsamkeit beginnt nicht erst mit der Abwesenheit von anderen Menschen. Sie können sich auch in einer Partnerschaft oder einer Familie einsam fühlen. Das Alleinleben ist also nicht der Grund für die grassierende Einsamkeit.

Doch wo kommt sie dann her? Der in Berlin lebende koreanische Philosoph Byung-Chul Han behauptet, dass es der Individualisierungsdruck sei, der uns zu einsamen Kämpfern gemacht hat. Und dieser Druck ist in seinen Augen die Folge des Hyperkapitalismus. Heutzutage sei jeder angehalten, eine Ich-AG zu sein und nach permanenter Selbstoptimierung zu eifern. Die Wahl von Freunden und Partnern werde nach Karrierepotenzial getroffen, gemäß dem Motto: »Solange du mir für die Verbesserung meiner Chancen nützlich bist, bin ich es auch für deine. Ansonsten trennen wir uns.« So würden Beziehungen zweckgebunden eingegangen und auch wieder weggeworfen.

Ich aber glaube, dass es nicht die Individualisierung an sich ist, die uns einsam macht. Im Gegenteil: Durch die Individualisierung sind wir in der glücklichen Lage, uns selbst erst verwirklichen zu können. Die Freiheiten in unserem Land geben uns die Möglichkeit, für uns zu entscheiden, was und wer in unserem Leben zählt – unabhängig von Rang und Namen, Stand und Prägung, Geschlecht und Neigung. Mit dieser Selbstbestimmtheit haben wir theoretisch die perfekte Chance, Menschen zu finden, die wirklich zu uns passen. Es ist also auch nicht die Individualisierung, die das Problem darstellt.

Aber was ist es dann, das bewirkt, dass die Brasilianer viel weniger unter Einsamkeit leiden als die Deutschen?

Meines Erachtens fehlt den Menschen hierzulande nicht der *Kontakt* zu anderen, sondern die *Verbindung* zu anderen. Es fehlt ihnen die Hinwendung zum Du. Sie spüren den anderen nicht mehr, sie dringen nicht mehr zu ihm durch. Das passiert nicht aus dem Grund, dass der andere dicht macht, sondern weil sie es selbst nicht mehr können.

Und warum können sie das nicht mehr? Weil ihnen etwas verloren gegangen ist – und das ist primär nicht etwa das Gespür für den anderen:

Was fehlt, ist das Gespür für sich selbst.

Denn Voraussetzung für diese Hinwendung zum *Du* ist die Verbindung zum *Ich*. Erst wenn Sie mit Ihrem Ich in Verbindung stehen, dann finden Sie die wahren Gründe für Ihre Gefühle und auch für Ihr Gefühl von Einsamkeit.

Deshalb – auch wenn es wehtut: Statt die Einsamkeit ruhigzustellen, indem Sie die schmerzende Leere mit Surrogaten wie Fernsehen, Internet und Schokolade zu stopfen versuchen, schauen Sie sich dieses erdrückende Gefühl an. Fragen Sie sich ohne Selbstmitleid: »Warum fühle ich mich gerade einsam? Wo kommt dieses Gefühl her?«

Denn nur so können Sie den Kontakt zu Ihrem Ich herstellen: indem Sie in die Einsamkeit hineinspüren. Setzen Sie sich mit dem Gefühl intensiv auseinander und schauen Sie, was sich dahinter verbirgt. Fragen Sie sich: »Wann habe ich Einsamkeit erfahren? Was habe ich bisher mit Einsamkeit verbunden? Was hat das Gefühl ausgelöst?«

Ein Freund berichtet mir, dass er von einem oft wiederkehrenden Alptraum geplagt wird: Er wacht in seinem Kinderzimmer auf, fühlt sich verlassen und ruft nach seinen Eltern. Aber niemand ist da, und das Gefühl der Einsamkeit überwältigt ihn.

Der Traum spiegelt seine Kinderheitserfahrung wider: Seine Eltern waren oft nicht zu Hause, und er lebte in der ständigen Angst, sie würden einfach nie mehr wiederkehren. Dieses Gefühl von Einsamkeit triggert ihn bis heute. Es beherrscht ihn, selbst wenn er gerade in einer Beziehung lebt.

Menschen reinszenieren ihre frühkindlichen Traumata ein Leben lang. Wenn es bei Ihnen die Einsamkeit ist, dann schauen Sie genau hin: Welche Situationen rufen in Ihnen dieses Gefühl wach? Ist es ein Lied, ist es eine Bemerkung, ist es eine bestimmte Beleuchtung? Das sind Wiederholungen aus der Situation von damals, in der dieses Gefühl angelegt wurde. Erst wenn Sie die kennen, können Sie Ihre heutige Emotion einordnen: Es ist eine Einsamkeit, die Sie nicht verarbeitet haben. Und die beherrscht Sie, obwohl sie gar nichts mehr mit Ihnen und der Realität heute zu tun hat.

Wer zu dieser Erkenntnis gelangt, hat den Kontakt zu seinem Ich aufgenommen. Und mit dieser Kontaktaufnahme verknüpft ist die Versöhnung und die Loslösung von dem alten Gefühl. Es hört auf, dem Kontakt zum Du im Weg zu stehen: weder in München noch in Brasilien oder sonstwo auf dieser Welt.

18. Mitgefühl

Mitgefühl ist cool. Mitgefühl ist angesagt. Jeder weiß, dass er mitfühlend sein sollte. Wenn jemand sich öffentlich dazu bekennen würde, kein Mitgefühl zu haben – das würde einen Sturm der Entrüstung auslösen.

Es gibt zurzeit wohl kaum ein Thema, das derart moralisch aufgeladen ist wie Mitgefühl. Es gehört zum guten Ton unserer Gesellschaft, dass Menschen öffentlich das Leid eines anderen mit empfinden. Die Rechnung ist einfach: Wer Mitgefühl zeigt, der ist ein guter Mensch. Und verdient seinerseits Mitgefühl, wenn ihm Böses widerfährt. Derjenige, der es nicht zeigt, ist ein schlechter Mensch. Der hat kein Mitgefühl verdient.

Dabei spricht tatsächlich vieles dafür, mitfühlend zu sein, nicht nur der gesellschaftliche Druck: Denn neben dem Empfänger des mitfühlenden Verhaltens profitiert jemand noch viel stärker davon: der Spender. Die empirische Glücksforschung hat es zigfach bewiesen: Es macht Menschen glücklicher, anderen etwas zu geben, als von anderen etwas zu bekommen. Wenn Sie also mitfühlend agieren, haben Sie einen echten Gewinn davon. Dafür müssen Sie nicht an Karma glauben. Und wenn Sie an Karma glauben, haben Sie einen noch viel größeren Gewinn davon. Das heißt, gerade wenn Sie egozentrisch an die Sache rangehen, sollten Sie sich selbst ganz dringend Mitgefühl für andere verordnen.

Wie tief aber verordnetes Mitgefühl wirklich geht, steht auf einem anderen Blatt. Denn die Voraussetzung, um echtes Mitgefühl für andere zu entwickeln, ist: Mitgefühl mit sich selbst zu haben. Wie wollen Sie zu jemand anderem freundlich-liebevoll sein, den anderen annehmen, wie er ist, wenn Sie das mit sich selbst nicht können? Freud hatte wahrlich nicht mit allem recht, was er gesagt hat, aber bei einer Sache sind sich heute noch alle einig: Der Mensch projiziert sich selbst in seine Umwelt. Das heißt, je nachdem, was wir an uns mögen oder nicht mögen – so gehen wir mit dem um, was uns die anderen spiegeln: Wir mögen oder mögen nicht.

Falls Sie also nicht angefangen haben, sich selbst Liebe zu geben – so wie Sie sind, ohne Wertung –, falls Sie sich selbst höchstens dann lieben können, wenn Sie so sind, wie Sie sein wollen – oder sein müssen –, falls Sie also Ihren eigenen Unzulänglichkeiten nicht mitfühlend begegnen können: Wie wollen Sie das bei anderen tun?

Wenn Sie etwas an sich selbst hassen, werden Sie jeden, der Ihnen genau diese Eigenschaft spiegelt, auch unbarmherzig hassen. Warum wohl prügeln katholische Geistliche, gerade die in den höheren Etagen, so auf Homosexuelle ein? Was lehnen sie bei sich selbst ab? Klar, Homosexualität.

Der Aufschrei war groß, als der Papst nach den ganzen islamistischen Attentaten der vergangenen Jahre gesagt hat: »Fundamentalisten haben wir auch. Die gibt es überall.« Und warum der wütende Protest? Weil jemand mit Mitgefühl auf die eigene Religion schaut und sagt: »Auch wir sind fehlerhaft.« – Da kommen die anderen nicht mit. Dieser Papst zeigt die Barmherzigkeit, die sich seine Kirche eigentlich auf die Fahnen geschrieben hat! Das können viele nicht fassen.

Doch dieser Papst macht es vor: Mitgefühl fängt im Inneren an. Da, wo Sie Ihren dreckigen Kellerkindern begegnen und sie nicht wieder in den Keller zurückschicken, sondern sie gut sein lassen. Gerade bei Themen, die so stark moralisch besetzt sind wie Mitgefühl wird es Ihnen helfen, diese ungeliebten Dinge in sich einmal hochzuholen und anzusehen: Gelingt es Ihnen, sich mit den politisch unkorrekten Gedanken zum Thema Mitgefühl in Ihnen zu versöhnen? Wenn solche Sätze in Ihnen hochkommen wie:

»Wenn ich Mitgefühl zeige, werde ich nur ausgenutzt.«

»Ich kann ja doch nicht für alle da sein.«

»Ich muss schließlich auch auf mich achten.«

»Und wer bitte hat Mitgefühl mit mir?«

»Mitgefühl kann ich mir nicht leisten. Das sollen die mit dem dicken Geldbeutel machen.«

Das Mitgefühl für sich selbst, solche Gedanken zu haben, ist der erste Schritt in Richtung echtes Mitgefühl.

Doch – um ehrlich zu sein – wenn Sie das mit der Selbstliebe hinkriegen, dann kommt es gleich noch härter: Mitgefühl für andere ist nämlich nicht teilbar. Das ist ein harter Brocken.

Mitgefühl mit einem süßen Kätzchen oder einem kleinen Kind? Das ist leicht. Aber Mitgefühl mit dem verletzten Rassisten? Oder mit einem depressiven Serienkiller? Oder mit dem weinenden Streithammel von nebenan? Mit Menschen mitzufühlen, die in den eigenen Augen böse und gemein sind, scheint auf den ersten Blick unmöglich.

Der erste Impuls ist da ein anderer: Wut. Zerstörung. Rache. Oder zumindest eine gerechte Strafe. Aber Mitgefühl?

Mitgefühl ist unteilbar!

Es basiert auf einer tiefen inneren Einsicht und gilt für alles und jeden. Solange Sie diese Haltung nicht haben, ist Ihr Mitgefühl nicht wirklich umfassend.

Das klingt jetzt, als müssten Sie zum Dalai Lama mutieren, um mit dem Mitgefühl anfangen zu können. So meine ich das nicht: Ich kenne einige, die sich genau mit diesem Argument komplett um Mitgefühl drücken. Weil sie nicht glauben, dass sie je so gütig werden können, lassen sie es lieber gleich ganz bleiben. Sie zeigen damit nur eines: Dass sie noch an ihrer Selbstliebe zu arbeiten haben. Denn sie sehen ihre inneren Widerstände gegen das Mitgefühl, finden sie hassenswert und wenden sich mit Grausen von sich selbst ab. Anstatt die Widerstände geduldig und liebevoll anzunehmen.

Kein Mensch muss sich Gedanken machen, wenn sein Mitgefühl noch nicht für die ganze Welt reicht. Es ist vollkommen in Ordnung, dort mitfühlend zu sein, wo er es gerade kann – und mitfühlend mit sich zu sein, da, wo er es noch nicht kann.

19. Tun

Angelika ist Lehrerin an einer Grundschule in einem kleinen Dorf. Und Angelika ist sehr lieb: Sie tut Tag für Tag sehr viel, damit die anderen glücklich werden:

Sie putzt ihren Drittklässlern die Nase,
sie macht Besorgungen für ihre Nachbarin,
sie ist bei jedem Umzug ihrer Freunde zur Stelle,
sie übernimmt die Bastelarbeiten für die Weihnachtsfeier des Turnvereins,
sie organisiert die Kegelrunde der Kollegen,
sie sammelt Spenden für Brot für die Welt,
sie arbeitet ehrenamtlich für den Naturschutzbund.
Und sie lächelt. Immer.

Sie ist ein wahrer Engel. Bewundernswert, oder?

Aber jetzt mit knapp 33 Jahren merkt der Engel langsam, dass es richtig anstrengend ist, der ganzen Welt immer nur Gutes zu tun. Und in ihr keimt die Frage: Warum mache ich das eigentlich?

Wofür opfert sie sich auf? Werden die Kinder an ihrer Schniefnase sterben? Wird die Weihnachtsfeier weniger stimmungsvoll, wenn die Bastelarbeit fehlt? Wird kein anderer sich finden, um die Kegelrunde zu organisieren? Nein. Und das weiß Angelika.

Sie tut das alles ja auch nicht, weil sie glaubt, das Dorf würde sonst zusammenbrechen. Sie hat einen ganz anderen Grund: Sie will geliebt werden. Unbedingt.

So wie jeder Mensch sich nach unbedingter Liebe sehnt.

Denn was tut der Mensch, wenn er auf die Welt kommt? Nichts weiter als Essen, Schlafen und in die Windel machen. Trotzdem wird er geliebt, als wäre er das kostbarste Kleinod auf der Welt. Ganz bedingungslos – allein dafür, dass er da ist. Und der Wunsch nach der Fortsetzung dieser Liebe bleibt ein Leben lang in uns. In jedem.

Ich coache immer wieder Manager, und ich kann Ihnen sagen: Gerade diejenigen, die nach außen hin die coolsten und härtesten Hunde sind, diejenigen, die am lautesten brüllen »Ich bin nicht da, um geliebt zu werden!« – in denen ist der Wunsch am größten.

Auch Angelika geht es nicht anders: Sie sehnt sich nach bedingungsloser Liebe. Deshalb tut sie und tut und tut. Sie will sich die Liebe erarbeiten. Sie will Liebe als Gegenleistung für ihr Tun.

Deswegen fragt sie niemanden: »Würdest du mir helfen?« Sie traut sich nicht, weil sie um den Liebeslohn fürchtet. Und wenn es doch mal nicht ohne Hilfe geht, dann tut sie alles dafür, um es x-fach zurückzuzahlen. Sie sorgt dafür, dass ihr Liebeskonto ständig im Haben ist.

Nur – auf diese Art wird sie ihr Ziel nicht erreichen: Im Grunde will sie geliebt werden für das, was sie ist, nicht für das, was sie tut. Weil sie aber so viel tut, auch ungefragt, wird sie immer öfter hören: »Du bist toll, weil du dies oder das getan hast.« Und wird immer unzufriedener. Weil die Art des Tuns, die sie wählt, sie nicht zum Ziel bringen wird. Es gibt nämlich zwei ganz unterschiedliche Arten von Tun. Und die lassen sich am besten erklären mit einem Bild:

Im Grunde funktioniert der menschliche Geist wie ein PC und seine Software: Ein Teil der Software ist eng an die Hardware gekoppelt – das ist das Betriebssystem. Sobald der PC hochgefahren wird, läuft dieses Programm. Ohne geht gar nichts. Das ist Ihr Sein, Ihre Grundausstattung, Ihr Mindset. Hier sind die Grundregeln für Ihr Leben festgelegt: was Ihnen etwas wert ist, woran Sie glauben, Ihre Motive und Ihre tiefsten Überzeugungen.

Für die praktische Ausführung Ihres Lebens brauchen Sie neben dem Betriebssystem auf Ihrem PC weitere Programme. Die können Sie einfach mit dazuladen oder auch wieder löschen. Mit diesen Programmen können Sie E-Mails schreiben, surfen, kalkulieren, Poker spielen, Fotos bearbeiten und so weiter. Mit diesen Applikationen denken, fühlen und handeln Sie, sie sind Ihr Tun.

Dieses Tun ist immer vom Ergebnis her gedacht: Es ist ein Um-zu-Tun: Sie gehen Schwimmen, um fit zu sein. Sie lassen sich die Haare schneiden, um hübsch auszusehen. Sie tanken Ihr Auto, um damit fahren zu können. Angelika kümmert sich um alles und jeden, um geliebt zu werden. Diese Art des Tuns ist immer ein aktionistisches Tun. Es geht stets vom Ende aus, nicht vom Anfang. Es hat eine Bedingung. Und das ist der Quatsch daran!

Tun, das aus dem Sein heraus entsteht, geht hingegen vom Anfang aus: Von dem, was in diesem Moment unbedingt, angemessen und notwendig ist. Doch was ist das: unbedingt, angemessen und notwendig?

Es ist Januar im Jahr 2009 in einem arschkalten New York: Das Thermometer zeigt minus 15 Grad Celsius. Flug 1549 der US Airlines, ein Airbus 320, hebt am frühen Morgen mit 155 Personen an Bord vom LaGuardia Airport in Richtung Seattle ab. Doch kurz nach dem Start in einer Höhe von etwa 1000 Metern wird das Flugzeug plötzlich von einem heftigen Knall erschüttert. Alle blicken erschrocken nach draußen. Beide Triebwerke haben nach Vogelschlag Feuer gefengen. Normalerweise das Todesurteil für alle Insassen. Eine sichere Landung ist ohne Triebwerke unmöglich. Doch was tut der Kapitän der Maschine? Er bleibt völlig ruhig. Er lenkt die Maschine in einem Wahnsinnsmanöver über die Wolkenkratzer, visiert den Hudson River an und landet die Maschine auf dem breiten Fluss. Alle Passagiere und Besatzungsmitglieder verlassen unverletzt das Flugzeug, der Pilot zuletzt. Er ist der Held des Tages, er ist der Held von New York. Und was sagt er in den Interviews? Er sagt: »Ich habe einfach das getan, was zu tun war.«

Was er tat, war angemessen und notwendig.

In dieser unspektakulären Art des Tuns steckt eine besondere Schönheit, weil es so einfach ist. Es ankert nicht im Denken, Fühlen oder Um-zu-Tun, sondern tief im Menschen selbst. Es entspringt dem Sein. Es ist intuitiv wirksam, weil es direkt aus der Klarheit des reinen Geistes im Moment entsteht.

Um zu einem solchen angemessenen Handeln zu kommen, braucht es eine Voraussetzung: Es erfordert, dass Sie ganz klar im Hier und Jetzt, in diesem Moment gegenwärtig sind. Denn nur hier erkennen Sie, was unbedingt zu tun ist. Und nur daraus entspringt ein Tun, das zu unbedingter Liebe führt.

Doch den meisten Menschen fällt es unglaublich schwer, einfach zu tun, was zu tun ist. Weil sie eben nicht im Hier und Jetzt sind, sondern im Kopf mit der Vergangenheit oder der Zukunft beschäftigt sind. Sie nehmen vielleicht kurz wahr, was zu tun ist, aber die Gedanken springen sofort weiter. Und was tun diese Menschen stattdessen? Ersatzhandlungen!

Nehmen Sie an, Sie sehen, dass das Fenster dreckig ist. Es müsste geputzt werden. Ganz einfach. Aber was passiert? Es fängt ein großer innerer Dialog an: »Ich finde Fensterputzen so doof. Warum habe ich keine Putzfrau? Außerdem regnet es eh morgen wieder drauf.« Und statt den Putzeimer zu holen, holen Sie sich erst mal eine Waffel und essen sie. Um sich dafür zu trösten, dass Sie keine Putzfrau haben und es morgen regnen wird. Das ist keine angemessene Reaktion auf die Wahrnehmung: »Da ist ein Fenster und das ist dreckig.« Sondern Sie haben eine Story daraus gemacht, die mit dem Essen der Waffel endet. Das hat mit dem Fenster nichts mehr zu tun. Deshalb ganz klar:

Unplug from the story!

Nur unbedingtes Tun macht unbedingt glücklich.

Dieses Tun zeigt sich nicht nur in Heldentaten, es zeigt sich jeden Tag:

Es ist Winter. Ich gehe im Englischen Garten von München spazieren und sehe aus einiger Entfernung, wie ein Mann mit einem fetten Gipsbein auf eine Krücke gestützt dahinhumpelt. Plötzlich gleitet seine Stütze auf einer zugefrorenen Pfütze weg, er strauchelt, fällt und die Krücke fliegt in hohem Bogen davon. Er liegt auf dem Rücken wie ein Maikäfer und kämpft vergeblich, um wieder hochzukommen. Spaziergänger, vertieft in ihre WhatsApp-Chats und mit den Gedanken ganz weit weg, schlendern vorbei. Keiner hilft. Nur einer. Der geht nicht vorbei. Der beugt sich zu dem Mann hinunter, greift ihm unter die Arme und stemmt ihn hoch. Er führt ihn zur nächsten Parkbank, geht kurz zurück und bringt ihm seine Krücke. Anschließend grüßt er kurz und geht weiter, als sei nichts gewesen.

Beautiful simplicity of pure action.

20. Reisen

Reisen ist unser Lieblingssport. Reisen hat bei uns auch einen guten Ruf: Es soll bilden, es soll den Horizont erweitern. Tut es auch, aber ich glaube, es sind zwei andere Dinge, die die Faszination des Reisens ausmachen:

Das eine ist die Bewegung an sich. Denn im Moment des Aufbruchs, des In-Bewegung-Setzens, verbinden wir uns mit dem inneren Prinzip des Lebens. Denn Leben ist nichts anderes als Bewegung.

Jeder vitale Moment vereint Geburt, Wachstum und Vergehen. Jeder Mensch ist selbst permanente Veränderung: In seinem Körper, in seinem Geist ist alles im Fluss. Das Blut zirkuliert, Zellen entstehen, sterben ab und entstehen von Neuem. Ideen und Gedanken entstehen und vergehen. Nichts steht still. *Panta rhei*.

Deshalb bedeutet, sich bewusst selbst für eine Reise in Bewegung setzen auch, sich mit der universalen Bewegung in Verbindung setzen. Sich auch in der eigenen Wahrnehmung in den Strom des Lebens einfädeln. Indem wir eins werden mit der allumfassenden Bewegung des Lebens, erleben wir einen Moment größter Harmonie.

Und das ist der Unterschied zu der Bewegung, die Sie in Ihrem Alltag ausführen: Es ist die Bewusstheit des In-Gang-Kommens. Wenn Sie sich jeden Tag aus dem Bett bewegen, sich auf den Weg zur U-Bahn machen und zur Arbeit fahren, empfinden Sie das unbewusst nicht als Aufbruch, sondern als Tretmühle.

Das ist nämlich der zweite Part des Faszinosums Reisen: Diese Bewegung ist eine, die außerhalb Ihrer Gewohnheiten stattfindet. Der Alltag ist geprägt von einer Aneinanderreihung von Gewohnheiten: Um 6.00 Uhr klingelt der immer gleiche Wecker, um 7.00 Uhr treten Sie vor die immer gleiche Haustür, um 7.04 Uhr kaufen Sie beim immer gleichen Bäcker Ihr immer gleiches Käsebrötchen, um dann in die immer gleiche S-Bahn Richtung Innenstadt zu steigen. Und so setzt sich das den Tag über fort: alles wie gewohnt. Und genau darin steckt das Problem.

Denn gewohnte Bewegung ist keine lebendige Bewegung: Sie ist erstarrt im Tun. Im Grunde sind Sie in Ihrer alltäglichen Bewegung ein Teil eines festen Gefüges.

Bewegung durch Reisen dagegen ist anders. Reisen heißt:

raus aus der Routine! Das in den Gewohnheiten festgefügte Ich bricht auf, weil auf einmal die Dinge verändert sind. Alles läuft anders, es bilden sich Ritzen und Spalten in der erstarrten Hülle. Und unvermittelt passiert es: Die Flüchtigkeit des Seins blitzt hervor und die Kruste macht Platz für Spontaneität. Das ist es, was Bewegung hervorbringt: Die vielen Möglichkeiten und Variationen, in denen das Ich sich spielen kann, werden sichtbar.

Und das ist es auch, was wiederum erschreckt: Denn das Neue kratzt an etwas, was den meisten Menschen fast noch wichtiger ist als die Vielfalt des Lebens und des Ichs. Durch diese Bewegung gerät die Beständigkeit in Gefahr.

So schwanken wir in unserer Reiselust zwischen dem Wunsch nach Neuem und dem Hang zur Beständigkeit. Und im Zweifel siegt die Sehnsucht nach dem Altbewährten, wie sich unschwer am heutigen Reisemarkt ablesen lässt. Im Gegensatz zu Goethes Zeiten, in denen Reisen beschwerliche und zeitaufwändige Abenteuer ins Unbekannte waren, sind die Urlaube heute industrielle Fertigprodukte – Instant-Ware, zum schnellen Verzehr geeignet: ein Shopping-Wochenende in New York, das All-Inclusive-Angebot an der Costa del Sol – natürlich inklusive Flughafentransfer – und der geführte Himalaya-Treck mit Sherpa, ärztlicher Begleitperson und zur Not auch der Sänfte. Die Anbieter machen das Reisen leicht. Weil das Reisen auf diese Art kein Reisen mehr ist.

In Berührung mit dem Fremden kommen? Muss nicht sein. Vielmehr geht es um die Fortsetzung der Gewohnheit in anderer Umgebung: Vom Flieger nach Mallorca geht es via Shuttle nach Santa Ponsa, wo man sich im Hotelzimmer häuslich einrichtet. Ab dann findet die Bewegung nur noch zwischen Hotelzimmer, Restaurant und

Pool statt. Wie gut, wenn es am Buffet auch noch Nürnberger Würstchen zu essen gibt und der Kellner deutsch spricht! Ein herrlicher Urlaub, mit einem Rucksack, der vollgepackt mit Beständigkeit ist. Nur mit Reisen hat es nichts zu tun.

Wahres Reisen hat übrigens auch nichts mit der räumlichen Entfernung zu tun: Sie müssen dafür nicht nach Alaska oder einen anderen möglichst weit entfernten Flecken der Erde.

Reisen fängt da an, wo Beständigkeit aufhört.

Dementsprechend können Sie das, was Reiseerfahrung ausmacht, überall machen: am Steinhuder Meer genauso wie in Chile, in Oberammergau genauso wie in New York. Überall kann anders sein.

Sie brauchen noch nicht einmal Urlaub dafür zu machen: Reisen können Sie auch im Alltag. Indem Sie beispielsweise am Nachmittag oder Abend an Orte Ihrer Stadt gehen, die Ihnen fremd und neu sind: in ein Viertel, in dem Sie sich noch nie umgesehen haben. In das Schwimmbad oder Fußballstadion oder Kino oder Theater oder Museum, das Sie noch nie besucht haben. In den Wald am Stadtrand oder in die Reptilienauffangstation.

Und ich wette, selbst wenn Sie Orte besuchen, die Sie schon zu kennen glauben: Wenn Sie mit den Augen eines reisenden Entdeckers hingehen, werden Sie Reiseerfahrung sammeln. Überall, wohin Sie sich außerhalb Ihrer Gewohnheit bewegen, wird es auch Sie bewegen.

Und das gilt nicht nur für Orte. Auch Begegnungen mit anderen Menschen sorgen für einen Ausflug aus der Routine: Wenn der Business Analyst endlich mal nicht mit dem Kollegen ein Bier trinken geht, sondern mit dem Musiker aus der Nachbarschaft. Wenn die Polizistin mit der Verkäuferin an der Supermarktkasse ins Gespräch kommt. Oder wenn die Mutter in der Laufgruppe einmal nicht nur den Kontakt zu anderen Müttern sucht, sondern bewusst mit der kinderlosen Vertriebsmanagerin ein paar Worte wechselt. Dann brechen die gewohnten Muster auf.

Ich glaube auch, dass eine echte äußere Reise immer auch eine Reise nach Innen ist. Und das ist gut so, denn auf der Basis meiner unmaßgeblichen Erfahrung aus 20 Jahren Meditation und innerer Arbeit weiß ich eines: Nirgendwo sind die Territorien so unermesslich und unfassbar anders, wie wenn Sie die Reise nach innen antreten.

Wenn ich den Blick nach hinten richte, hätte ich mir das, was ich im Innen erlebt habe, vor 20 Jahren nie vorstellen können. Denn die unendliche Weite, die Sie in einer Meditation erleben können, ist so viel weiter als die ewigen Weiten Patagoniens. Die Erfahrung von strahlender Helligkeit in der Meditation ist so viel strahlender und heller als die sengendste Sonne in der Sahara. Die Stille, die Sie in der Meditation erfahren, ist so viel stiller als die tiefste und schwärzeste Nacht in der Arktis.

Die Reise nach innen ist das größte Abenteuer überhaupt.

21. Problem

Flieger verpasst? Handy ins Spülwasser geworfen? Umsatzzahlen schlecht? Loch im Socken? Präsentationsunterlagen vergessen? Zahnendes Kind?

Probleme hat jeder. Und jeder will sie weghaben. Möglichst sofort. *Just fix it.*

Doch was ist denn eigentlich ein Problem? Was ist es denn, das uns Tag und Nacht umtreibt? Einfache Frage, einfache Antwort: Ein Problem ist das, was stört. Das, was im Weg steht.

Und wie kommt es zu einem Problem? Einfache Frage, keine einfache Antwort. Denn die Entstehung eines Problems ist ganz schön komplex:

Als Erstes brauchen Sie ein Subjekt, das eine Situation wahrnimmt. Denn die Situation allein, ohne Subjekt, ist nichts. Genauso wenig wie der Stift, mit dem Sie schreiben: Für Sie ist es ein Schreibwerkzeug. Wenn ein Hund vorbeikommt und an dem Stift schnüffelt, ist es für ihn kein Werkzeug, sondern ein potenzielles Spielzeug. Und wenn Sie und der Hund den Raum verlassen, was ist der zurückgelassene Stift dann? Ist er Schreibwerkzeug oder Spielzeug? Die Antwort ist: weder noch. Er ist nichts. Weil keiner mehr da ist, der ihm eine Bedeutung gibt.

Und so ist es auch mit einer Situation: Ohne Sie beziehungsweise ohne Ihr Ich, das ihr eine Bedeutung gibt, ist sie nichts. Ein Subjekt, das einer Situation Bedeutung gibt, macht allein aber noch kein Problem.

Die zweite Voraussetzung ist, dass Sie in irgendeiner Art eine Wunschvorstellung haben von dem, wie die Situation sein sollte. Es ist eine Idee oder eine Idealvorstellung, die Sie sich in Gedanken erschaffen haben.

Und die dritte Bedingung für die Entstehung eines Problems ist, dass Sie etwas wahrnehmen, was sich im Jetzt von dieser Vorstellung unterscheidet: Der Ist-Zustand ist anders als der Idealzustand, den Sie sich erdacht haben.

Doch selbst wenn alle drei Voraussetzungen erfüllt sind, haben Sie immer noch kein Problem.

Erst im vierten Schritt schält sich etwas heraus: Sie entwickeln eine Vorstellung davon, dass es irgendeinen Zusammenhang gibt zwischen dem, was der Ist-Zustand ist, und dem, was Ihrem Idealbild entspricht. Sie sehen also einen Weg vom Ist zum gefühlten Soll. Und in diesem Moment ist es endlich so weit: Sie nehmen etwas wahr, was sich Ihnen Ihrer Wahrnehmung nach auf diesem Weg entgegenstellt. Da ist es: Ihr Problem.

Damit Sie also überhaupt zu einem Problem kommen, absolvieren Sie erkenntnistheoretisch-konstruktivistisch einen komplizierten Vorgang aus Vorstellungen und Wahrnehmungen. Sie sehen:

Es ist gar nicht so einfach, ein Problem zu haben.

Wenn Sie ein Problem haben, können Sie sich demnach eigentlich beglückwünschen: So komplex können Sie denken!

Nichtsdestotrotz fühlt es sich nicht gut an, ein Problem zu haben. Sie wollen also etwas dagegen tun. Wenn es aber nicht das imaginierte Hindernis an sich ist, das Ihnen das Ungemach bereitet, wo setzen Sie an?

Indem Sie zunächst ein paar Sachen infrage stellen: Sehen Sie sich alle Faktoren an, die die Situation zum Problem gemacht haben. Es gilt, alle diese kognitiven Konstrukte zu hinterfragen.

Da steht an erster Stelle das Subjekt, das Ich: Schauen Sie sich ehrlich an. Haben Sie die notwendigen Eigenschaften oder Fähigkeiten, um den Idealzustand überhaupt jemals zu erreichen? Wenn mein Problem zum Beispiel wäre, dass ich Olympiasieger werden möchte und meine Leistungen aber weit hinter den nötigen Werten zurückbleiben, dann müsste ich mir eingestehen: Ich bin nicht mehr 20. Mit dem Olympiasieg wird das nichts mehr in diesem Leben, außer vielleicht im Tontaubenschießen – und selbst da hätte ich als Späteinsteiger wahrscheinlich kaum eine Chance.

Die realistische Selbstwahrnehmung ist die erste Voraussetzung, um Probleme verschwinden zu lassen.

Das Gleiche gilt für den Ist-Zustand: Auch diese Wahrnehmung ist oft verzerrt. Gerade kürzlich erst hatte ich einen gar nicht so untypischen Coaching-Klienten: Claus sagt, sein Umfeld sei so missgünstig und sein Chef stelle ihn dauernd infrage. Im gleichen Atemzug erzählt er mir, dass ein anderer Chef im Unternehmen ihn gerne für einen Job gehabt hätte, sein Vorgesetzter ihn aber nicht freigeben wollte. Da werde ich hellhörig und sage: »So schlecht kann dein Chef dich gar nicht finden, sonst hätte er dich doch mit Freuden ziehen lassen.« Und er kratzt sich am Kopf und sagt: »Ja, stimmt eigentlich.« Im weiteren Gespräch sind wir schnell an dem Punkt, dass die demütigenden Wahrnehmungen ganz viel mit seinem Ich zu tun haben. Sein Umfeld triggert bei ihm viel von dem, was er als Kind erlebt hat. Dementsprechend ist seine Wahrnehmung der Situation total verzerrt: Die sind alle gar nicht so missgünstig und fies, wie er meint.

Und so wie die Wahrnehmung vom Ist-Zustand gestört sein kann, kann es auch die eigene Idealvorstellung sein. Claus' Vorstellung von sich ist, dass er seine eigenen Führungsaufgaben souverän erledigt. Dabei ist er schon mit knapp 30 Jahren in seine allererste Führungsposition hineingerutscht: Mit einer superknappen Übergabe von seiner Vorgängerin, die ihm vom Bett aus – wegen einer Komplikationsschwangerschaft – eine halbe Stunde die wichtigsten Sachen diktiert hat. Und jetzt führt er aus dem

Stand heraus 18 Leute. Aber er ist ein Perfektionist vor dem Herren: Er erwartet von sich eine Führungsroutine, wie sie einer hat, der seit 25 Jahren im Geschäft ist. Claus muss sich selbst eine völlig verzerrte Idealvorstellung eingestehen.

Ja, es gibt für Claus eine Verbindung von da, wo er jetzt ist, nach da, wo er hinmöchte. Aber das Problem, das er jetzt sieht, ist keines: Es löst sich angesichts der Erkenntnis, dass sowohl seine Wahrnehmung des Umfelds als auch seine Idealvorstellung verzerrt sind, in nichts auf. Aus der unüberwindbaren Mauer wird dadurch schon der Weg.

Und das gilt bei genauem Hinsehen für alle Probleme: Sie sind nichts anderes als ein Konstrukt unseres Geistes. Wir sind es, die ein Phänomen, das wir erleben, zum Problem labeln.

Das geht tatsächlich bis hin zu existenziellen Situationen. In seinem Buch »Trotzdem Ja zum Leben sagen: Ein Psychologe erlebt das Konzentrationslager« schildert Viktor Frankl seine Haft im KZ Dachau. Es ist eines der lebensbejahendsten Bücher, das ich je gelesen habe – entstanden unter den grausamsten Umständen, die wir uns vorstellen können. Er nutzt die Freiheit seines Geistes, um die unmenschlichen Zustände so zu erleben, dass er nicht in die totale Verzweiflung versinkt. Mehr Existenzproblem als KZ geht nicht – und doch entwickelt er aus dieser Situation heraus einen ungeheuren Lebenswillen.

Dagegen ist das, was wir heute so als Problem bezeichnen, nichtig – und trotzdem quält es uns. Also heißt das, es ist leicht, die heutigen Probleme bei näherer Betrachtung in Luft aufzulösen? Nicht ganz: Denn das Problem, dass Sie sich unbewusst konstruiert haben, können Sie nicht ebenso unbewusst wieder vom Tisch wischen. Dafür braucht es Ihr volles Bewusstsein.

Aber Achtung, bitte keine Verwechslung: Dabei geht es nicht um Problemlösung im Sinne von »Probleme wegmachen«. Da das Problem ein Konstrukt Ihres Geistes ist, gibt es da nichts wegzumachen. Eine Luftspiegelung verschwindet auch nicht, indem Sie sie mit der Hand versuchen wegzuwischen. Weil Probleme nichts anderes sind als Ergebnisse Ihrer Gedankenwelt, können Sie diese auch nur dort auflösen.

Ein alltägliches Beispiel: Ein einziges Mal ist mir bisher ein Koffer auf einem Flug komplett verloren gegangen. Das war auf einer Reise in die USA, bei der direkt nach meiner Ankunft ein wichtiges Meeting anstand: lauter Aufsichtsratsleute. Mein Geschäftsanzug war natürlich im Koffer, was ich anhatte, war eine Jeans und ein Schlabber-Sweater. Die Zeit, einen neuen Anzug zu kaufen, hatte ich nicht.

»Mensch, jetzt habe ich aber ein Problem«, schoss es mir durch den Kopf.

Und gleich danach dachte ich: »Nein, habe ich nicht. Was es zum Problem machen würde, wäre, wenn ich meine Idealvorstellung von mir als Anzugträger unter lauter Anzugträgern nicht loslassen könnte. Kann ich aber ...«

Ich spazierte also, wie ich war, in das Meeting, hielt meine neu erworbene Zahnbürste hoch und sagte grinsend: »Mehr braucht es nicht, um gut über die Runden zu kommen!« Erzählte kurz die Geschichte vom Koffer und klappte dann meinen Laptop auf. Ein cooler Auftritt, der gut ankam. Viel besser jedenfalls, als wenn ich angestrengt und verkrampft die ganze Zeit darüber nachgedacht hätte, was die Jungs wohl über mich und meinen unmöglichen Aufzug denken.

Jeder Mensch hat es selbst in der Hand, wie er Geschehnisse wahrnimmt und ob er sie zum Problem macht – oder eben auch nicht.

SEE

22. Illusion

Eine weitverbreitete These in der Esoterik-Szene lautet: »Es ist alles nur Leere. Geld ist nicht wichtig, weil es ist auch nur eine Illusion.« Da kann ich nur sagen: Das ist ein großes Missverständnis.

Entgegen aller Glaubenssätze rund ums Geld muss auch ein Meditationszentrum unterhalten werden. Selbst wenn Sie auf ein Retreat gehen und Sie kostet das nur 3,50 Euro, dann beruht das entweder auf dem Prinzip von »Dana«, also auf Spendenbasis, oder es gibt irgendwo im Hintergrund einen Mäzen, der das Ganze sponsert. Das heißt, auch im Meditationszentrum hat irgendjemand die Rechnungen bezahlt – Spiritualität hin oder her.

Solange wir in dieser dreidimensionalen Welt leben – und das tun wir neben allem anderen schon –, hat es eine Bedeutung, ob Sie Ihre Rechnungen bezahlen können oder nicht. Genauso hat es Bedeutung, ob Ihr Stuhlgang funktioniert oder nicht. Oder ob Sie das Auto sehen, das da auf Sie zuhält.

Denn es stimmt beides: Diese Dinge sind alle illusionär, und gleichzeitig sind sie verdammt real.

Ich gebe zu, diese Dualität ist schwer zu verdauen. Aber sie ist so.

Um diese Tatsache am eigenen Körper zu erfahren, hilft eine besondere tibetische Meditation. Dabei machen Sie nichts anderes, als Ihren Körper nach Ihrem Ich zu durchsuchen. Wo in Ihrem Körper steckt Ihr Wesen? Wo spüren Sie, das Ihr innerstes Wesen, Ihr Zentrum beherbergt ist?

Im Zeh? Hinter der Kniescheibe? Da lachen die meisten, wenn ich das sage. Aber vielleicht im Herz? Oder im

Bauch? Oder im Gehirn? Das klingt schon wahrscheinlicher.

Ist aber dennoch nicht wahr: Denn es ist richtig, dass Sie in dieser suchenden Meditation etwas finden werden. Aber es wird nicht Ihr Ich sein. Es wird die Erkenntnis sein, dass Ihr Ich unauffindbar ist. Und zwar nicht nur heute, sondern überhaupt nie. Weil es nicht da ist. Die Erkenntnis wird Sie schlagartig treffen, es ist ein heftiges Gefühl!

Diese Erkenntnis zu haben heißt nicht, dass Sie Ihr Ich damit abstreifen. Denn Sie werden Ihr Ich im Alltag immer noch brauchen:

Die Illusion ist ein hochnützliches Instrument.

Es gibt sehr, sehr erleuchtete Menschen, die können sich davon lösen – die meisten und auch ich selbst sind noch lange nicht so weit. Deshalb brauchen wir die Illusion unseres Ichs genauso wie die vielen anderen Illusionen, die unser Geist für uns konstruiert hat.

Nehmen wir das Beispiel Zeit und Raum: Wenn wir uns nicht eine kollektive Vorstellung davon machen würden, wäre es unmöglich, dass sich drei Leute für ein Treffen verabreden und zum vereinbarten Termin am verabredeten Ort vorfinden.

Oft werde ich dann gefragt, zu was es gut sei, zu wissen, dass das Ich, die Zeit und überhaupt alles Illusion ist? Wenn wir die Illusion doch brauchen, um unseren Alltag zu organisieren, und ohne nicht auskommen?

Es ist deshalb gut, weil wir zum ersten Mal erkennen lernen, dass es einen Unterschied gibt zwischen dem, was wir als Realität wahrnehmen – also unserer Illusion –, und dem, was Realität ist.

Denn das, was wir als Realität wahrnehmen, ist nichts anderes als eine illusionäre Widerspiegelung unserer Erfahrungen und Erwartungen. Unsere Realitätswahrnehmung ist also massiv gefiltert von unserer Vergangenheit – und damit vorprogrammiert.

Wir nehmen Dinge als gegenwärtig wahr, die gar nicht gegenwärtig sind. Nehmen Sie mal Bastian Schweinsteiger: Der ist Fußballweltmeister, klar. Klar? Ist er es wirklich jetzt im Moment? Oder ist er es nur in seiner und in Ihrer Erinnerung, die Ihnen so gegenwärtig ist, als wäre sie jetzt?

Das Weltmeister-Problem scheint vielleicht oberflächlich, aber diese Illusion der Wahrnehmung durchzieht Ihr ganzes Leben. Die Illusionen konstruieren Ihnen ein »Gedankengefängnis«, das sich zum Beispiel in Glaubenssätzen ausdrückt wie: »Ich schaffe das nicht«, »Ich kann das nicht« oder »Warum gerate ich immer an den falschen Partner?« Und anstatt Ihre Glaubenssätze anhand der Realität da draußen zu reflektieren, suchen Sie die Schuld in einem »Ich«, das es gar nicht gibt.

Das ist eine vertrackte Geschichte. Und lässt sich doch täglich erleben: Als vierjähriger Junge bin ich an der Hand meiner Oma in Bonn-Bad Godesberg von der Fähre bis zum Bahnhof gelaufen. In meiner Erinnerung ist die Strecke dahin ewig weit – bestimmt 20 Kilometer –, breit angelegt und gesäumt von beeindruckend großen Häusern.

Kürzlich bin ich dieselbe Straße wieder entlanggelaufen. Allerdings ist diese Straße nicht mehr die gleiche, denn die Straße aus meiner Erinnerung gibt es nicht mehr. Heute ist sie nicht länger als anderthalb Kilometer, eher schmal mit lauter kleinen Häuschen rechts und links. Dabei hat sich die Straße nicht verändert. Alles, was sich verändert hat, ist meine Illusion.

Wer eine Illusion als Illusion wahrnimmt, kann mit ihr operieren und sich trotzdem bewusst sein, dass sie nicht die Realität ist. Das ist der erste Schritt, um näher an der Realität zu leben, statt sich unentrinnbar in einer illusionären Welt im Kreis zu drehen.

23. Spielzeug

Für die einen ist es die schlichte 333er-Goldkette um den Hals. Für die anderen der neue Mercedes 500 SLK. Oder die Lufthansa-Vielfliegerkarte in Gold. All das ist nichts weiter als Spielzeug.

Die Lufthansa-Goldcard wird natürlich nicht in der Brieftasche getragen, sondern gut sichtbar außen ans Handgepäck drapiert, sodass jeder sehen kann: Diese Tasche gehört jemand Besonderem. Der Besitzer ist kein Otto Normalverbraucher, sondern hat Geld. Er ist wichtig!

Frauen sind übrigens nicht anders als Männer. Gehen Sie mal in München auf den Odeonsplatz. Da trägt jede zweite Frau Manolos, Prada und am Handgelenk die Perpetual Oyster von Rolex.

Ja, wir lieben ihn, den Luxus. Wir tragen ihn mehr oder weniger diskret zur Schau, denn wir wissen: Wenn wir uns mit unserem Reichtum, unserer Schönheit, unserer Macht und unserem Status zeigen, ist die Wahrscheinlichkeit hoch, dass wir bewundert oder zumindest beneidet werden. Unser Bedürfnis nach Anerkennung wird durch das Ausfahren dieser Requisiten schnell und sicher erfüllt. Deshalb ist dieses Ausfahren ein verbreitetes und beliebtes Spiel. Wie zufällig liegt der Schlüssel des neuen 7er dann auf dem Tisch, wo ihn jeder Gast sofort sehen kann. Wow. Der fährt BMW. Und nicht irgendeinen, sondern das größte und teuerste Modell.

Der Luxusschlitten, die teure Handtasche, die juwelenbesetzte Uhr, das Botox im Gesicht: All dieses Spielzeug, all diese Requisiten helfen den Erwachsenen, die Rolle, die sie im Leben spielen möchten, noch glaubwürdiger zu spielen.

Interessanterweise aber unterscheidet sich das Erwachsenenspielzeug diametral vom Kinderspielzeug. Sowohl in der Beschaffenheit als auch im praktischen Einsatz.

Erwachsene spielen anders als Kinder.

Haben Sie mal kleine Kinder dabei beobachtet, wie sie spielen? Sie brauchen keine ferngesteuerten Boote, keine Plastiknachbildungen von echten Werkzeugen und keine Piratenpuppen. Sie schnappen sich einfach den nächsten Ast, den sie finden können, und legen los. »Das ist jetzt unser Boot«, heißt es ganz laut und aufgeregt. Und dann bilden sie mit drei weiteren Ästen ganze Kriegsflotten, die sie aufeinander losziehen lassen. Oder sie initiieren ein Bootsrennen mit den wildesten Holzbooten, die es gibt. Oder sie bauen einen Damm. Oder eine Fischreuse.

Was ein Ast sein kann, bestimmt allein ihre Fantasie. Alles wird Spielzeug, denn alle Gegenstände in ihrer Umgebung können die Kinder mit ihrer Vorstellungskraft beseelen. Und sich selbst können sie auch eine neue Identität geben. Innerhalb von Sekunden verwandeln sich Kinder in Polizist oder Räuber – indem sie sich einfach als solche deklarieren. Sie brauchen keine Uniform, keine Utensilien, keine Requisiten. Und wenn doch, dann bauen sie sich eben schnell welche: Finger werden zu Pistolen, Handschellen und Fesselung werden einfach imaginiert.

Das Spiel der Kinder hat nur einen Zweck: die Welt zu entdecken. Indem sie nachahmen, was sie gesehen und gehört haben, lernen sie. Sie erschließen sich ihre Umgebung. Alles, was sie fasziniert, wird daher imitiert. Ganz unschuldig und ganz ohne Ziel. Und diese Ziellosigkeit führt dazu, dass das Spiel der Kinder ein reines Experimentieren ist, bei dem es gar keine Fehler geben kann. Ich behaupte nicht, dass zwischen Kindern beim Spielen immer Friede-Freude-Eierkuchen ist. Im Gegenteil, bei Kinderspielen kommt neben Spaß und Freude auch die Grausamkeit der Kleinen zum Vorschein. Was ich aber sagen möchte, ist: Im Spiel der Kinder liegt Lebendigkeit und Experimentierfreude.

Und genau da ist der wesentliche Unterschied zum Spielzeug der Erwachsenen. Kinderspielzeug ist ein Vehikel der Offenheit, mit der neue Welten spielerisch erschlossen werden. Erwachsenenspielzeug ist dagegen ein Vehikel der Geschlossenheit, mit dem sie sich eine festgelegte Identität von Neuem bestätigen.

Kinderspielzeug ist ein Vehikel der Offenheit, Erwachsenenspielzeug ein Vehikel der Geschlossenheit.

Der Erwachsene erschließt sich keinen neuen Zugang, indem er in sein neues Auto steigt und Gas gibt, sondern grenzt sich damit von all denen ab, die sich ein solches Auto nicht leisten können. Exklusivität und damit verbunden Exklusion ist im wahrsten Sinne des Wortes das herausragende Merkmal von Erwachsenenspielzeug. Die Frage, wenn Sie Erwachsenenspielzeug einsetzen, ist immer: Wer gehört dazu? Wer nicht?

Es geht nicht darum, Verbindungen zwischen Menschen zu schaffen, sondern Mauern zu bauen. Es geht nicht um Zusammenleben, sondern um Abschottung. Es geht nicht um Austausch, sondern um Profilierung. Und diese Isolation durch Zurschaustellen von »Spielzeug« macht auf Dauer sehr, sehr einsam.

Bedeutet das, Sie sollten schnell all Ihre Luxusgegenstände entsorgen und nur noch Mittelmaß konsumieren? Überhaupt nicht. Denn das Problem ist nicht das Spielzeug selbst, sondern unser Verhältnis dazu. Unsere innere Haltung.

An und für sich wird Spielzeug nicht wirklich gebraucht. Es ist ein Nice-to-have, aber kein Must-have. Problematisch wird es nur, wenn das Spielzeug im Kopf des Besitzers zu einem Must-have wird. Wenn Sie also Ihre Identität in den Porsche oder in die teure Tasche projizieren und jeden Blick darauf als Blick auf sich selbst wahrnehmen. Dann haben Sie den Eindruck, dass Sie nur noch mit der Luxuskarosse zur Arbeit fahren können. Die S-Bahn oder das Fahrrad oder der alte VW Polo in der Garage ist auf einmal absolut keine Option mehr. Sie entsprechen gefühlt nicht mehr Ihrer Kragenweite. Aber, seien wir realistisch: Wenn es ein Erdbeben gegeben hätte und neben den Trümmern Ihres Hauses nur noch der alte VW ganz geblieben wäre, dann würden Sie vermutlich heilfroh sein, damit losfahren zu können.

Die Identifikation mit den Attributen der Spielzeuge ist ein süßes Gift. Der Porsche ist schnell. Deswegen kann sein Fahrer schnell sein. So schnell, wie er ohne Porsche nie wäre. Die Rolex an seinem Handgelenk ist sauteuer, also wird er zu einer wertvollen Person. Aber was passiert, wenn diese materiellen Güter einmal nicht mehr da sind? Dann verliert er alle Attribute, die ihn groß gemacht haben. Er verliert seine Identität.

Wer sich mit seinen Statussymbolen identifiziert, lebt gefährlich.

Freier Umgang damit ist besser. Denn ein Spielzeug ist nur ein Spielzeug. Kinder stecken ihre Fantasie in ihre Spielzeuge und erwecken sie damit zum Leben. Die Emotionen und Gefühle, die sie im Spiel empfinden, bleiben davon unberührt.

Diese Unabhängigkeit zu bewahren ist eine große Aufgabe. Ein freier, reifer Umgang mit dem Spielzeug bedeutet, in der eigenen Gefühlswelt und Identität unabhängig von den Spielzeugen zu sein. Sie nicht zu brauchen, um sich exklusiv, wertvoll, als Individuum, als jemand zu fühlen. Denn das geht auch ganz ohne Statussymbole. Es kommt nicht darauf an, Gucci, Hugo Boss oder YSL zu tragen. Sondern darauf, was der Träger mit den Gegenständen und ihrem Besitz verbindet.

Aber es kommt auch nicht darauf an, Designer-Gegenstände per se zu vermeiden. Es gibt nämlich auch Spielzeug, das im Verzicht auf klassische Statussymbole besteht. Ein guter Bekannter, der sich gerade auf dem Eso-Trip befindet, ist vollkommen gegen Luxusgüter. Er übt Konsumverzicht, soweit es geht, auch wenn er sich problemlos den Luxus leisten könnte. Statt des Kaschmirpullovers von der Düsseldorfer Kö trägt er jetzt ein Fünf-Euro-Shirt aus dem Second-Hand-Laden und fühlt sich gerade durch seinen Verzicht vollkommen überlegen. Dieses antagonistische

»Dagegen« ist auch kein freier Umgang mit dem Spielzeug, sondern letztendlich die gleiche Identifikation, nur ins Gegenteil gekehrt.

Wirklich offen und frei ist derjenige, der durchaus Spielzeug nutzt – um bewusst zu spielen –, sich aber nicht einredet, dass dieses Spiel ihn zu einem besseren, schöneren, begehrenswerteren Menschen manchen würde. Natürlich dürfen Sie sich eine teure Tasche gönnen! Verwechseln Sie nur den Wert der Tasche nicht mit Ihrem Wert als Mensch.

24. Feinde

Wissen Sie, wo Sie offene Feindschaft erleben können? Bei den Fußballfans. Gehen Sie mal zu einem Spiel Schalke gegen Dortmund. Die beiden Clubs haben ihren Sitz keine 30 Kilometer voneinander entfernt. Trotzdem sind sie Erzrivalen. Für den Schalker sind Freunde die, die auch blau und weiß tragen – und Feinde sind die, die gelb und schwarz tragen. In so einem Fußballderby sind die Fronten knallhart. Aus der Gästekurve grölen die aufgestachelten Dortmunder die irrsinnigsten Schlachtrufe in Richtung Schalker Fanblock. Und umgekehrt. Vor und nach dem Spiel sorgt die Polizei dafür, dass die sich nicht zu nahe kommen. Sonst gibt es Zoff. Was für Emotionen – in einem eigentlich ganz harmlosen Ballspiel!

Ich liebe den Satz, den der schottische Fußballtrainer Bill Shankly zu diesem Phänomen gesagt hat:

»*Es gibt Leute, die denken, Fußball sei eine Frage von Leben und Tod. Ich mag diese Einstellung nicht. Ich kann ihnen versichern, dass es noch viel ernster ist.*«

Darüber lachen wir. Aber es ist so.

Der Fußball teilt die Fans in feindliche Lager. Und dabei entstehen Emotionen wie in kriegerischen Auseinandersetzungen.

Die Schalker und die Dortmunder tun dann so, als hätten sie eine Erbfeindschaft. So etwas wie früher zwischen Deutschen und Franzosen. Tatsächlich erinnert die Fanfeindschaft an diese unselige Tradition. So wie heute Vereinsfarben über Freund oder Feind entscheiden, trennte damals die Landesgrenze die Menschen. Jeder Franzose ein Feind! Das war bis nach dem Zweiten Weltkrieg so. Heute haben wir das überwunden. Aber die Fußballfans leben solche Feindschaften noch aus. Zwischen Schalke und Dortmund, aber auch zwischen Nationalmannschaften. Deutschland gegen Holland etwa: Da verstehen die Fans keinen Spaß mehr und wettern gegen die Kasköppe. Da werden Feindbilder gehegt und gepflegt. Es ist nicht mehr so gefährlich wie im Krieg, aber das Gewaltpotenzial ist da.

Unter uns: Diese Art von Feindschaft ist schon sehr speziell. Mich fasziniert es immer wieder, wie zufällig und willkürlich es ist, wer da zum Feind und wer zum Freund erklärt wird. Die auf diese Art deklarierten Feinde sind sich ja ganz fremd. Die kennen sich ja gar nicht!

Wie aber kann einer mein Feind sein, den ich gar nicht kenne?

Das ist eine künstliche Feindschaft, ohne jeden Bezug zum Menschen. Tatsächlich klappen viele Gruppenfeindschaften auch nur mit anonymen, gesichtslosen Feinden so gut.

Wen ich nicht kenne, den kann ich leicht hassen. Oder mir einbilden, ihn zu hassen. Das wurde und wird von Staatenlenkern und Kriegsherren gerne ausgenutzt.

Wenn ein Mensch seinen angeblichen Feind kennenlernt, ist es schon komplizierter. In dem Moment, in dem ein Schalke-Fan und ein Dortmund-Fan sich außerhalb des Stadions ohne Fanschals begegnen, können die nämlich beste Freunde werden.

So war das übrigens auch mit den Deutschen und den Franzosen. Nach dem Zweiten Weltkrieg entstanden zwischen beiden Ländern viele Städtepartnerschaften. Da gab es eine blutgetränkte Geschichte und eine über Jahrhunderte gewachsene Feindschaft, und nun begegneten sich die Feinde plötzlich ganz persönlich. Auge in Auge. Sie reichten sich die Hände, von Mensch zu Mensch. Und so wurde dem Günther aus Erkenschwick klar, dass der Alain aus Straßburg ein feiner Kerl war, den er gern mochte! Beide merkten, dass sie dasselbe Interesse für Gartenarbeit, Brieftauben oder Literatur hatten. Sie wurden Freunde. Und brachten damit auch die Länder einander näher. Solche Gruppenfeindschaften lassen sich also ganz einfach aus der Welt schaffen. Durch echte Begegnung: nicht zwischen Fans oder Staatsangehörigen. Sondern zwischen Menschen. Hat ein paar Jahrhunderte gedauert, aber es funktioniert. Und ich hoffe, dass es die Fußballfans auch noch lernen werden …

Es gibt aber Feindschaften, die etwas komplizierter sind. Es sind Feinde, die haben ein Gesicht. Die gehen nicht in der Menge unter. Denen begegnen Sie täglich. Über die regen Sie sich jedes Mal auf. Ganz gezielt.

Das ist der Mistkerl, der gegenüber wohnt. Diese Ratte von Chef. Diese Niete von Mitarbeiter. Dieses Ekelpaket von Expartner.

In die Abneigung solchen Menschen gegenüber können wir uns richtig hineinsteigern. Wenn wir an die denken, kriegen wir so einen Hals! Zwischen diesen persönlichen Feinden und den zuerst genannten feindlichen Heerscharen gibt es einen enormen Unterschied: Der persönliche Feind bringt Sie mit seinen *persönlichen* Eigenschaften auf hundertachtzig, nicht mit der falschen Trikotfarbe.

Nehmen wir mal einen anständigen Familienvater, der mit seinem Golf an der Ampel steht. Neben ihm hält ein dicker Porsche mit getuntem Motor. Das Wummern der Musikanlage dröhnt durch das heruntergelassene Fenster. Die Ampel springt auf grün, und der Typ im Sportwagen gibt mit quietschenden Reifen Vollgas!

Verärgert schüttelt der Vater den Kopf, zeigt dem Porschefahrer einen Vogel und seufzt zu seiner Frau auf dem Beifahrersitz: »So ein überheblicher Macker! Diese Typen kann ich auf den Tod nicht ausstehen.«

Schwupp, da ist sie, die Feindschaft! So schnell geht das. Aber die entscheidende Frage ist: Warum regt der eine den anderen eigentlich so auf? Wie macht der das? Der hat ihm doch nichts getan. Woher rührt diese Antipathie? Die Antwort ist denkbar einfach: Der PS-Protzer führt dem bescheidenen Golffahrer eine Eigenschaft vor Augen, die der an sich vermisst: Selbstvertrauen. Das macht den Papi rasend! Weil er seinen Mangel so hautnah vorgeführt bekommt.

So ist das immer bei solchen persönlichen Feindschaften: Der Feind hat eine Eigenschaft, die der andere nicht hat. Weil sie ihm in der Kindheit aberzogen wurde oder er sie selbst immer unterdrückt. *Das* ist es, was uns an unserem Feind so auf die Palme bringt.

Und das Tolle daran: Aus dieser Eigenschaft, mit der Sie Ihr Feind so aus der Fassung bringt, können Sie Nutzen ziehen. Sie können etwas daraus für sich lernen. Sie können Ihrem Feind dankbar sein, dass er Sie da mit der Nase auf etwas stößt:

Von denen, die du am verabscheuungswürdigsten findest, kannst du am meisten lernen!

Ich bringe Seminarteilnehmer immer gerne mit vier Fragen auf die Spur zu diesen aggressionsauslösenden und zugleich erkenntnisfördernden Eigenschaften. Ich frage dann: »Welche Eigenschaft findest du bei dem anderen Menschen unausstehlich?«

Dann sagen die zum Beispiel: »Protz!«

Ich frage weiter: »Was für eine Eigenschaft hast du im Gegensatz zu diesem Menschen?«

»Bescheidenheit.«

Dritte Frage: »Was ist die negative Übersteigerung von Bescheidenheit?« Die Antwort ist dann zum Beispiel: »Kleinmachen.«

Und schließlich stelle ich die letzte Frage: »Was kannst du also von deinem Erzfeind lernen?«

Und dann kommen wir auf so etwas wie: »Gesundes Selbstvertrauen.«

Das ist für den, den der Protz so aufregt, die Eigenschaft, die er unbewusst in sich unterdrückt – und um die er den anderen insgeheim beneidet. Das funktioniert immer, probieren Sie es aus! Die Erkenntnis lautet also: Hinter der Untugend eines jeden Feindes steckt auch eine Tugend.

Für mich ist das die ganz rationale Begründung für die so ungeheuerliche Forderung aus der Bergpredigt:

Liebet eure Feinde; tut wohl denen, die euch verfluchen; bittet für die, die euch beleidigen.

Was für eine Zumutung! Meinen Feind lieben! Wie idealistisch! Aber auch völlig vernünftig: Denn der Feind ist wie ein Spiegel. Wenn Sie da hineinschauen, können Sie etwas für sich lernen. Und der andere ist auf einmal gar nicht mehr so unerträglich.

Praktisch, so ein Feind! Aber: Das funktioniert nur bei Feinden, denen Sie wirklich persönlich begegnen. Der gesichtslose Mensch im feindlichen Lager sagt Ihnen gar nichts. Der zieht nur Ihre Energien ab. Wer also sein Gegenüber von vornherein beispielsweise nach seinem Herkunftsland oder seinem Fußballverein stereotypisiert, wird nie die Chance haben, ihn kennenzulernen und sich in ihm zu spiegeln.

Wer mit Aggression den Feind ausmerzen will, sät nur wieder Gewalt. Wir werden unsere Feinde niemals ausrotten! Im Gegenteil – Ausrottung führt wieder zu neuen Feinden.

Dann lieber den Feind kennenlernen. Wenn ich ihn mag, prima! Und wenn nicht: Dann spiegle ich mich in ihm. Und liebe ihn dafür, dass er mir das ermöglicht.

25. Verantwortung

Es gibt etwas, das ich zu Beginn jeder meiner Workshops sage – ohne diese Sequenz fange ich nicht an. Im Prinzip ist das eine Spielregel. Aber die Spielregel garantiert mehr als nur den guten Ablauf des Seminars.

Ich sage zu den Teilnehmern: »Ich gebe Ihnen jetzt einen Satz, und der besteht aus zwei Hälften. Hören Sie einfach zu und spüren Sie nach, welche Resonanz der in Ihnen auslöst. Die erste Hälfte lautet: Jeder ist verantwortlich für das, was er sagt. Einverstanden?«

Ich blicke in die Runde, und alle nicken.

Dann fahre ich fort: »Hier kommt die zweite Hälfte: Und jeder ist verantwortlich für das, was er nicht sagt. Auch einverstanden?«

Wieder Nicken, wenn auch zögernder.

Und dann sage ich: »Da haben Sie jetzt einer großen Sache zugestimmt. Ihnen ist klar: Alles, was Sie sagen *und* was Sie nicht sagen, hat eine Konsequenz. Und beides ist Ihre Verantwortung.«

Und ich setze hinzu: »Wie im echten Leben.«

Das ist so: Als handelnde Subjekte kommen wir aus unserer Verantwortung nicht raus. Selbst wenn wir nicht handeln, müssen wir dafür geradestehen.

Aber wenn das so ist – dass die Verantwortung doch immer bei uns liegt –, warum neigen wir alle dazu, die Schuld ständig anderen zuzuschieben? Wenn etwas schiefgeht, zeigt unser Finger reflexartig auf den unfähigen Chef, den ignoranten Kollegen, den wankelmütigen Kunden oder den lästigen Nachbarn. Und wenn es tiefer geht, sind im Zweifel die Umstände in unserer Kindheit und die Eltern schuld daran, dass es bei uns nicht läuft.

Wenn Sie sich auf diese Art zum Opfer machen, haben Sie eine hundertprozentige Wahrscheinlichkeit, sich unglücklich zu machen. Denn wenn Sie es so sehen, können Sie ja an der Situation nichts ändern, Sie sind ihr ausgeliefert. Sie können nur ertragen und jammern.

Also warum tun wir das?

Warum machen wir uns selbst unglücklich?

Wenn Psychologen eine solche Situation analysieren – bei der sich jemand von außen gesehen zielgerichtet selbst Ungemach bereitet –, dann gehen sie umgehend auf die Suche nach etwas, was sie den »sekundären Gewinn« nennen. Damit umschreiben sie den Nutzen, der bei einem Verhalten entsteht, das erst mal nur Nachteile zu haben scheint.

Der sekundäre Gewinn, wenn Sie sich zum Opfer machen, ist nichts anderes als Bequemlichkeit. Es ist so wunderbar leicht, sich Handlungsohnmacht zu verordnen. Die Hände sind gebunden, denn die Verantwortung tragen andere. Gelingt etwas nicht, so reicht es, mit den Schultern zu zucken und die vermeintlich Schuldigen anklagend anzusehen.

Es ist tatsächlich erst einmal viel anstrengender, die Umstände anzunehmen, wie sie sind: Ja, ich hatte diese Kindheit, ich hatte diese Eltern, da ist dieser Chef, da ist dieser Nachbar – das ist alles da und lässt sich auch nicht ändern. Und dann nehmen Sie den Blick weg davon. Sie konzentrieren sich stattdessen darauf, was Sie beeinflussen können. Wow, das kostet Kraft! Dann doch lieber den bequemen Weg ins Unglück wählen!?

Bereits wenn Sie sich diesen Mechanismus bei sich selbst bewusst machen, wird es Ihnen leichter fallen, aus dem Bequemlichkeitsreflex auszusteigen. Denn das können Sie. Wenn Sie es diese Woche schon geschafft haben, morgens aufzustehen, obwohl Sie viel lieber im Bett geblieben wären, nur weil Sie einen Termin hatten, weil die Kinder ein Frühstück brauchten, weil die Blase des Hundes sonst geplatzt wäre: Dann sind Sie definitiv fähig, auch Verantwortung für den Rest Ihres Handelns zu übernehmen.

Das kann tatsächlich nicht jeder, wie ich aus eigener Erfahrung weiß. Ich habe in grauer Vorzeit mal Soziologie und Psychologie studiert. Das ist normalerweise eine Fächerkombination, mit der Sie den Personenbeförderungsschein erwerben, sprich: Taxifahrer werden. Ich habe damals aber etwas anderes gemacht: Ich habe vier Jahre lang in der Drogentherapie gearbeitet.

Die härteste Aufgabe während der Entwöhnung von Drogenabhängigen ist nicht die Abstinenz. Das Grundproblem ist ein anderes: Wenn morgens der Wecker klingelt, bleibt der Junkie liegen – egal, was ansteht. Er hat, vielleicht seit 20 Jahren, alles eingeworfen, was ihm in die Finger gekommen ist. Dadurch ist er emotional so regrediert, dass er beim Reifegrad eines Säuglings angelangt ist. Und so wie ein Säugling mit Hunger ultimativ nach der Brust verlangt und keinen anderen Gedanken mehr fassen kann, so dreht sich bei dem Drogenabhängigen alles nur um eine Frage: Wann kriege ich den Stoff? Wenn er den nicht bekommt, bleibt er eben liegen.

Seine Verantwortung ist auf die Stoffbeschaffung reduziert. Mehr kann er nicht mehr. Und es ist ein quälend langer, schwieriger Prozess, wieder in die Verantwortung zu kommen.

Wer aber Verantwortung für sich übernehmen kann, wäre dumm, es nicht zu tun. Das heißt nicht, dass nicht ab und zu ein bisschen Selbstmitleid erlaubt wäre. Wenn Sie sich richtig schlecht fühlen, ist es völlig okay, sich innerlich in den Arm zu nehmen und zu sich selbst zu sagen: »Ich hab's gerade echt schwer.« Nach einigen Minuten des Bades im Armes-Würstchen-Gefühl stellen Sie sich dann die paradoxe Kopfstand-Frage: »Was könnte ich tun, damit es mir noch schlechter geht?« Wenn Sie darauf zwei, drei oder auch vier Antworten finden, dann wird relativ schnell evident, was Sie tun könnten, damit es Ihnen besser geht:

einfach das Gegenteil von dem, was Sie sich gerade geantwortet haben.

Selbstmitleid ist also vollkommen okay. Solange es bewusst passiert. Unbewusstes Selbstmitleid dagegen macht zum Opfer. Und das ist gefährlich, denn das wird leicht zur Lebenshaltung. Darum: Denken Sie an das großartige Instrument, das Ihnen von Natur aus gegeben wurde. Denken Sie an Ihre Verantwortung. Und nehmen Sie sie in Besitz!

26. Natur

Am Wochenende raus in die Natur!

Wie finden Sie das? Super? Ich auch. Ich fahre gern mit meinem Rennrad aufs Land oder in die Berge. Da atme ich freier als in der Stadt.

Aber haben Sie sich schon mal gefragt, wohin Sie wirklich fahren, wenn Sie in die Natur gehen? Und aus was fahren Sie dann raus, wenn Sie die Stadt verlassen? Ist Natur nur außerhalb der Stadt? Müssen Sie deswegen *hinaus*? Dann müsste ja die Stadt unnatürlich sein. Und Ihr Leben die Woche über auch. Aber was genau ist daran so unnatürlich?

Und ist das, was wir Natur nennen, wirklich so natürlich? Für viele ist die Natur schon im Stadtpark oder am Baggersee. Sorry, das ist alles menschengemacht! Aber das ist uns egal, Hauptsache, sie erfüllt ihren Zweck: als Fluchtort, als Urlaubsort, fürs Rauskommen. Sie ist nur eine Kulisse für unsere Erholung.

Wir benutzen die Natur, oder das,
was wir für Natur halten.

Nutzung – das ist die typische Haltung von uns westlich geprägten Menschen zur Natur. Sie hat dem Menschen zu dienen. Nicht nur als Erholungskulisse, sondern auch als Bauland, als Ackerland, als Forst. Oder um alle möglichen Dinge daraus zu fertigen, die wir im Alltag benötigen. Backsteine, Heizöl, Kaffeebohnen oder Pokémon-Plüsch-Puppen – das alles entsteht nicht aus nichts, sondern war mal Natur. Seit Jahrhunderten ist das so. Das ist Tradition.

Vom Kohleabbau bis zum Diamantenschürfer – das gesamte produzierende Gewerbe lebt vom Nießbrauchrecht der Natur, das gesamte weiterverarbeitende Gewerbe baut darauf auf, und der Dienstleistungssektor sowieso. Unsere gesamte Wirtschaftskultur beruht auf diesem speziellen Gedanken: die Natur nutzen.

Aber der Naturschutz, könnten Sie einwenden, der wirkt doch auf den ersten Blick wie das Gegenteil: wie ein Refugium für die Natur! Ach was, der ist auf den zweiten Blick selbst eine weitere Nutzungsform. Denn wer schützt, bestimmt ebenfalls über die Natur. Er zieht seinen Nutzen nur aus dem Bewahren des Ursprungszustandes, als ob eine Veränderung der Natur per se problematisch wäre.

Der Mindset hinter all diesen Nutzungsformen ist immer derselbe: Wir, die aufgeklärten Abendländler, sind selbstdenkende Subjekte und die Herren der Welt. Und die Natur ist nur ein Objekt, mit dem wir tun und lassen können, was wir wollen. Gegenüber Objekten brauchen Sie nämlich keine Verantwortung zu zeigen. Die gehören Ihnen, die können Sie nach Belieben ausbeuten und ausbluten lassen. Zeigen Sie aber der Natur gegenüber keine Verantwortung, sind handfeste Naturkatastrophen die Folge: die Erderwärmung durch zu viel CO_2, die Gletscherschmelze an den Polen und die zahlreichen menschengemachten Umweltkatastrophen, wie Brent Spar oder Deepwater Horizon. Die sind das Ergebnis unserer verantwortungslosen Haltung.

Naturvölker haben eine fundamental andere Beziehung zur Natur. Für sie gibt es keine Trennung in Subjekt und Objekt. Die nordamerikanischen Yuta-Indianer zum Beispiel betrachten sich noch heute als ungeteilten Bestandteil der Natur. Für sie ist die gesamte Natur ein einziger Organismus. Natur ist nicht nur der Baum oder das Tier oder die Erde: Natur ist alles, was uns umgibt. Jedes Lebewesen, jeder Stein, jeder Baum, der Himmel, die Erde, die Sonne – alles ist bei ihnen Teil eines universalen Mysteriums. Alles ist göttlich. Darum erscheint den Yuta der Mensch und der Stein absolut gleichberechtigt. Darum ist ihnen sowohl der Mensch als auch der Stein heilig.

Die Natur ist kein Objekt – sie ist Gott.

Und darum pflegen die Yuta im Gegensatz zu uns einen respektvollen Umgang mit sich und der Natur.

Warum ist das unserer Gesellschaft so fern? Schließlich existierte auch in der abendländischen Philosophie der Gedanke einer allumfassenden Göttlichkeit. Meister Eckhart schrieb Anfang des 13. Jahrhunderts: Gott wohnt in allen Dingen. Im Menschen, in allen Kreaturen und in allem, was ist, auch in der Natur. In Eckharts Mystik sind Natur und Mensch in Gott vereint. Aber von dieser ganzheitlichen Art, auf die Welt zu schauen, ist das christliche Abendland heute wieder weit entfernt. Die mittlerweile populäre Auffassung des Göttlichen entstammt der Bibel. Im 1. Buch Mose des Alten Testaments heißt es:

Macht euch die Erde untertan und herrscht über alle Fische des Meeres und alle Vögel des Himmels und alle Tiere der Erde. Und alles, das wächst, soll euch zur Nahrung dienen.

Von gemeinsamem Spirit keine Spur. Die Natur ist nach dem Dogma der Kirche für den Menschen wie ein Supermarkt eingerichtet, in dem er sich bedienen kann. Aber Gott sitzt da nicht an der Kasse, er ist nicht Teil des Betriebes. Er ist der Supermarktbesitzer im Hintergrund, der dafür gesorgt hat, dass die Regale so schön voll sind. Oder im klassischen Bild: Er ist der über allem schwebende Schöpfer. Gott ist der bärtige, alte Mann im Himmel.

Das ist ein Verständnis von Gott, das heute bei uns immer noch vorkommt. Ein Kindheitsglaube. Oben im Himmel, hinter den Wolken, auf denen die Engel schlafen, sitzt der allmächtige Gott und schaut auf uns herab. Jenseits der Erde, abseits der Natur, weit über den Menschen. Beobachtet alles, was hier so passiert. Der sieht alles, der hört alles, und wenn du nicht spurst, bestraft er dich. Dann packt er sein Sündenregister aus, zupft sich am Ohr und schon öffnet sich die Höllenpforte für jeden armen Sünder ein wenig weiter. *Lieber* Gott? Eher ein fieser Bully, der die Menschen mit Angst vor Bestrafung zwingt, sich an seine Anweisungen zu halten.

Mal ehrlich, möchten Sie sich so jemanden anvertrauen? Suchen Sie den in sich? Oder ist es nicht viel angenehmer, wenn Sie so jemandem entkommen können, indem Sie es einfach mit Friedrich Nietzsche halten?

Klappe zu – Gott tot.

Das scheint die radikale Gegenposition zu sein. Es gibt keinen Gott. Nur die Realität. Das, was Sie sehen, anfassen und im Ursache-Wirkung-Verfahren kontrollieren können.

Gott ist also tot, oder Gott ist im Himmel.

Aber beide Sichtweisen sind sich ähnlicher, als es im ersten Moment scheint. Sie beruhen auf einem einzigen Paradigma: der mechanistischen Weltanschauung.

Im mechanistischen Weltbild ist alles entmystifiziert. Es unterliegt dem Diktat der Sprache. Worte suggerieren immer eine Dinglichkeit. Ein Wort können Sie hören oder sehen, Sie können damit kommunizieren. Das suggeriert Verfügbarkeit aller bezeichneten Dinge. Und darum erscheint dem Abendländer alles als Objekt. Gott ist ein Objekt, entweder weit über der Erde oder darunter. Und Natur sind alle Objekt außer ihm, mit denen er machen kann, was er will. Beide sind nicht identisch mit ihm. *And that's simply nuts.*

Heben Sie diese Illusion auf. Wir sind nicht getrennt von der Natur, wir *sind* Natur. Wir sind nicht getrennt vom Göttlichen, wir *sind* das Göttliche. Und wenn Sie Teil von etwas sind und Sie diesen Teil schlecht behandeln, dann behandeln Sie sich immer selbst schlecht. Das ist das Problem. Der mechanistische Mensch behandelt die Natur wie ein Objekt. Das Resultat ist unsere Klimakatastrophe. Er behandelt Gott wie ein Objekt. Mit der Folge, dass er sich selbst fremd bleibt.

Jetzt fragen Sie: Was ist denn richtig? Was ist meine wahre Natur, was ist die wahre Natur des Menschen? Ich möchte Sie anregen, sich dieser Frage zuzuwenden: Entdecken Sie Ihre wahre Natur. Gott ist ein Mysterium. Die Natur ist ein Mysterium. Sie sind ein Mysterium. Es gibt keine fertigen Antworten auf die Frage, wer wir sind, was die Natur ist, was Gott ist – jeder muss sie für sich selbst finden.

Niemand weiß das. Nicht der Buddhismus, nicht der Hinduismus, nicht das Christentum, niemand. Viele kluge Menschen haben sich diese Frage immer wieder gestellt. Und sie haben alle erkannt, dass Sie diese Frage nicht mit Worten beantworten können. Die Antwort liegt hinter den Worten.

27. Beruf

Wissen Sie, was die Definition von Work-Life-Balance ist? Das ist angeblich der Zustand, in dem Arbeits- und Privatleben miteinander in Einklang stehen. Und wissen Sie, was ich davon halte? Für mich ist das – mit Verlaub gesagt – ziemlicher Unsinn. Der Begriff unterstellt, es gäbe eine Dichotomie zwischen Leben und Beruf. Als wären die beiden zwei unterschiedliche Dinge wie Wasser und Öl: Man muss schon ordentlich was tun, damit sich die beiden leidlich miteinander vermischen.

Dabei ist Beruf ein Teil des Lebens. Geht gar nicht anders. Oder sind Sie klinisch tot, während Sie arbeiten?

Wenn es gut geht, können wir im Beruf sogar unsere Lebensenergie, unseren Lebenssinn, unsere schöpferische Kraft zum Ausdruck bringen. Doch ich weiß schon: Es geht nicht immer gut.

Der Begriff der »Entfremdung« ist nicht mehr so hip wie in den 1960er-Jahren, aber die Tragik besteht heute immer noch: Viele Menschen erledigen völlig sinnentleert eine ihnen entfremdete Arbeit. Und hassen ihren Job.

Wenn der Pizzabote Ihnen die triefenden Kartons mit Todesverachtung in die Hand rammt, dann wissen Sie sofort: Der hat auf den Job überhaupt keinen Bock! Selbst von vielen meiner Managerkunden mit ihren fetten Dienstwagen, aufgedonnerten Assistentinnen und dicken Gehältern höre ich regelmäßig: »Ich finde meine Arbeit zum Kotzen!«

Das liegt aber oft nicht an der Arbeit selbst: Call-Center-Agent gilt als einer der miesesten Jobs überhaupt. Ich war eine Zeit lang Chef von über 1000 solcher Agenten, und ich sage Ihnen: Es gab einige Mitarbeiter, die haben diesen Job geliebt. Und die waren richtig gut. Denen brauchten Sie nicht mit »Work-Life-Balance« kommen – die hatten ihre Balance im Beruf gefunden. Ich glaube inzwischen, dass der Begriff eine Erfindung von jemandem ist, der seinen Job als Zumutung empfunden hat.

Doch was macht den Unterschied, wenn es nicht der Beruf selbst ist? Die Antwort ist banal: Der Unterschied liegt in der Passung zwischen Ihnen und Ihrem Beruf.

Für diese Passung gibt es ein schönes Bild. Das kommt ursprünglich aus dem Japanischen und wird mit dem Wort »Ikigai – das, wofür es sich zu leben lohnt« umschrieben. Das Bild zeigt vier gleich große Kreise:

- Der erste Kreis steht für das, was Sie lieben, für was Sie brennen.
- Im zweiten Kreis befindet sich das, was Sie gut können.

Da, wo diese beiden Kreise sich überlappen, also da, wo Sie etwas gut können und lieben – da liegt Ihre Passion, Ihre Leidenschaft. Das ist nicht das Gleiche wie Liebe: Ich zum Beispiel liebe Fußball. Ich finde dieses Spiel so klasse! Aber als Spieler bin ich leider grottenschlecht. Deshalb ist Fußball zwar meine Liebe, aber nicht meine Leidenschaft. Deshalb habe ich nie versucht, daraus einen Beruf zu machen.

Darüber hinaus gibt es noch zwei weitere Kreise:

- Im dritten Kreis steht die Frage: »Wofür werde ich bezahlt? Wofür kriege ich eine Entlohnung?«

Denn Ikigai ist kein weltfremdes Konstrukt: Mit irgendetwas müssen Sie Ihre Miete bezahlen können. Wenn Sie nicht gerade als Sohn oder als Tochter geboren worden sind, dann ist das so. Irgendjemandem muss Ihre Leistung etwas wert sein. Für meine Fußballkünste hätte ich sicher niemanden gefunden, der mir Geld gibt. Schon allein deshalb hätte sich das mit dem Profi bei mir schnell erledigt. Aber wenn Sie sehr, sehr gut sind mit dem Ball, dann können Sie damit auch sehr, sehr viel Geld verdienen. Es gibt andere Jobs, da können Sie ganz ausgezeichnet sein und kriegen trotzdem nur wenig Geld dafür: in der Pflege zum Beispiel. Diese Tätigkeit ist in unserer Gesellschaft einfach nicht hoch dotiert. Ist leider so.

Die Schnittmenge zwischen dem zweiten Kreis – das, was Sie gut können – und dem dritten Kreis – das, wofür Sie bezahlt werden –, da steht die Profession, der Beruf, in dem Sie zu Zufriedenheit aller gegen Geld tätig werden können.

Und schließlich ist da der vierte Kreis:

- Im vierten Kreis steht das, was die Welt braucht.

Da, wo der erste Kreis – das, was Sie lieben – und dieser vierte Kreis sich überlappen: Da liegt Ihre Mission. Ich für mich kann sagen: Ich liebe Meditation und innere Arbeit.

Und ich bin überzeugt, dass die Welt mehr Meditation und innere Arbeit braucht. Deshalb weiß ich, wo meine Mission liegt.

Sind alle vier Kreise ganz weit ineinandergeschoben, dann besteht in der Mitte eine gemeinsame Schnittmenge von allen. Das ist der Bereich, der das eigentliche Ikigai ist: also das, wofür es sich zu leben lohnt. Je mehr Ihr Beruf sich mit diesem Ikigai deckt, umso mehr Erfüllung werden Sie darin finden.

Die Kernfragen sind also:

- Was lieben Sie?
- Was können Sie gut?
- Wofür werden Sie entlohnt?
- Was braucht die Welt?
- Und wo liegt die Schnittmenge Ihrer Kreise?

Sie verbringen so viel Zeit in Ihrem Beruf, da lohnt es sich extrem, über diese Fragen nachzudenken. Am besten möglichst früh. Aber selbst wenn Sie in Ihrem Leben schon viele Weichen gestellt haben, macht das nichts: Es gibt nämlich kein »zu spät«.

Eine gute Freundin hatte einen richtig guten Job im Marketing. Top Verdienst, top Renommee. Tingelte um die ganze Welt und war super erfolgreich. Richtig gut. Aber eines Tages hatte sie genug und warf diesen tollen Job einfach weg. Sie sagte: »Ich habe keine Lust mehr. Ich kann es mir zurechtbiegen, wie ich will. All die Goodies: Das macht mich einfach nicht glücklich.« Danach ist sie Yoga-Lehrerin geworden und seither ist sie glücklich.

Mir ist schon klar, dass wir nicht im Wunschkonzert leben. Alle Kreise komplett ineinanderzuschieben und nur noch Ikigai zu haben, das wird den meisten nicht gelingen. Dem Dalai Lama vielleicht, aber sonst? Auch mir gelingt das nicht immer. Ich gehe wirklich voll auf in dem, was ich tue, aber wenn nach einer fiesen Nacht morgens um 4.30 Uhr der Wecker klingelt, weil ich um 9.30 Uhr 600 Kilometer weiter beim Kunden sein will, dann denke ich definitiv nicht: »Oh, wie super ist mein Job!« Zu diesen Dingen brauche ich die richtige Einstellung, nur dann machen sie mir Freude. Und die Einstellung liegt komplett in meiner Verantwortung: Wie gehe ich an die Dinge, die ich tue, ran? Nehme ich schon vorher die Kotztüte zur Hand, oder lasse ich mich auf das Jetzt und Hier ein?

Your choice.

Im Zen-Kloster präparieren Sie manchmal einen ganzen Tag lang den Sandgarten – und dann, wenn alles perfekt ist: Was machen Sie dann? Sie zerstören ihn wieder. Wissen Sie, warum? Weil es nicht um das Ergebnis geht. Es geht um den Weg dorthin, der ist entscheidend. Es geht um die innere Haltung. Eine gute Einstellung erzeugt automatisch Freude, an dem, was Sie tun. Ganz egal, was Sie tun.

Der Beruf ist eines der Felder, in denen wir unserem Dasein einen Sinn geben. Und das ist wichtig, denn wenn das, was wir tun, für uns sinnlos ist, bringt es uns zur Verzweiflung.

Wenn ich aber in meinem Beruf Sinn sehe, dann kann ich selbst in der banalsten Handlung, etwa wenn ich die Teller nach dem letzten Meeting zusammenräume, ganz bei mir sein, ganz im Sein aufgehen. Dann fängt sogar dieser Handgriff an, mir Freude zu bereiten. Ganz von allein.

28. Bewertung

In einem kleinen Dorf mitten im großen China lebte ein Bauer, der hatte ein Pferd. Und weil es ein wunderschönes Pferd war, sagten die Leute im Dorf: »Oh, so ein schönes Pferd, hat der ein Glück!«

Der Bauer antwortete: »Glück oder Unglück, wer weiß das schon?!«

Eines Tages brach das Pferd aus und war verschwunden. Am Abend standen die Dorfleute am Zaun der leeren Koppel und murmelten: »Oh, was für ein Unglück. Jetzt hat der arme Bauer kein Pferd mehr!«

Der Bauer sagte nur: »Glück oder Unglück, wer weiß das schon?!«

Wenig später kehrte das Pferd zurück. Aber es war nicht allein: Es hatte eine wilde Stute mitgebracht. Der Neid der Nachbarn war groß: »Oh, dieser Bauer hat unverschämtes Glück!«

Aber der Bauer sagte nur: »Glück oder Unglück, wer weiß das schon?!«

Kurz darauf setzte sich der einzige Sohn des Bauern auf den Rücken der wilden Stute, um sie zu zähmen. Doch sie scheute, der junge Mann stürzte und brach sich beide Beine. Die Nachbarn riefen: »Oh, der unglückliche Bauer!«

Und der Bauer sagte weiterhin nur: »Glück oder Unglück, wer weiß es schon?!«

Wenige Tage später fielen die Soldaten des Herrschers in das Dorf ein und zogen alle Jungen und Männer für den Kriegsdienst ein. Nur den Sohn des Bauern nahmen sie wegen seiner gebrochenen Beine nicht mit. Und die Nachbarn jammerten: »Und der Bauer hat schon wieder Glück!«

Der Bauer aber murmelte nur: »Glück oder Unglück, wer weiß es schon?!«

***

Das ist eine der besten Geschichten über Bewertungen, die ich kenne. Was als ultimatives Urteil über Glück oder Unglück aus den Nachbarn heraussprudelt, erweist sich jedes Mal in kürzester Zeit als Fehlurteil. Es hindert sie aber nicht daran, bei der nächsten Gelegenheit sofort wieder eine neue Bewertung abzugeben.

Das machen sie nicht, weil sie dumm sind. Nein, das machen sie, weil es ihnen gar nicht bewusst ist, dass sie bewerten. Sie sind jeweils der festen Meinung, dass sie über die Realität sprechen. Und die Realität ist nun mal so, wie sie ist. Wenn sie sich im Nachhinein als falsch herausstellt – nun ja, kann man nichts machen.

Und das geht nicht nur den chinesischen Dorfbewohnern aus der Geschichte so. Das geht uns allen so. Wir können gar nicht anders, denn unser Gehirn kategorisiert jeden Reiz, der einläuft: Mag ich – mag ich nicht. Lust oder Frust. Die erste Bewertung ist also schon gelaufen, noch bevor wir uns des Reizes bewusst werden.

Wenn wir diese Bewertung für bare Münze nehmen, werden wir zum Sklaven unserer Bewertung.

Dabei ist es nicht so, dass Bewertungen schlecht sind. Nein, im Gegenteil: Sie könnten keine einzige Entscheidung treffen, wenn Sie nicht in der Lage wären zu bewerten. Sie könnten weder die großen noch die kleinen Lebensfragen beantworten: Kinder oder keine Kinder? Was ist mein Karriereziel? Was sind meine Prioritäten im Leben? Heute Abend essen gehen oder zu Hause kochen? Die blaue oder die schwarze Hose anziehen? Tee oder Kaffee? Aufstehen oder liegen bleiben?

Die meisten alltäglichen Bewertungen laufen vollautomatisiert ab, ohne dass Ihr Bewusstsein auch nur den Hauch einer Ahnung davon hat. Die Verknüpfung von Reiz, Bewertung und Entscheidung läuft völlig unbewusst ab. Und das ist auch gut so. Stellen Sie sich vor, Sie müssten für jede Entscheidung des Tages innehalten und ernsthaft nachdenken, was Sie wie bewerten, und daraufhin einen Entschluss fassen. Ihr Leben sähe aus wie eine Stroboskopsequenz: blitzartiges Licht auf die Entscheidungssituation, lange Pause im Dunkeln zum Nachdenken, blitzartiges Licht auf die Aktion und die nächste Entscheidungssituation, lange dunkle Pause. Lauter abgehackte Sequenzen. Stattdessen fließt Ihr Leben in Echtzeit dahin – weil Ihre Bewertungen unbewusst laufen und Ihnen die Entscheidungen auf dieser Grundlage ganz leicht fallen.

Und warum fallen Entscheidungen dann leicht? Weil Bewertungen die Komplexität reduzieren. Denn Werturteile sind eindeutig: gut oder schlecht, schmeckt oder schmeckt nicht, passt oder passt nicht, gefällt oder gefällt nicht. Die Welt dagegen ist nie eindeutig, sondern immer mehrdeutig: Alles ist gleichzeitig richtig und falsch, zutreffend und nicht zutreffend.

Eindeutig wird die Welt erst durch den Filter der Bewertung.

Der subjektiven Bewertung, wohlgemerkt.

Neben der Eigenschaft der Mehrdeutigkeit ist die Subjektivität die zweite Eigenschaft, die von der Bewertung nicht zu trennen ist. Jede vorgeblich objektive Bewertung ist eine Illusion. Und Illusionen sind immer gefährlich. In diesem Fall heißt die Gefahr, die Augen vor der Vieldeutigkeit, der Ambiguität der Welt zu verschließen und nur das eigene Urteil als Wahrheit gelten zu lassen. Das kann nur schiefgehen.

Das trifft im Großen wie im Kleinen zu. Wenn ich zum Beispiel Aktien von einem Unternehmen besitze, und der Manager an der Spitze entpuppt sich als jemand, der schwarz-weiß denkt und Komplexität gar nicht erst zulässt: Dann stoße ich diese Wertpapiere sofort ab.

Gerade Führungskräfte brauchen Ambiguitätstoleranz. Sie müssen damit umgehen können, dass alles auch anders sein kann. Wenn sie das nicht tun, werden sie über kurz oder lang die falschen Entscheidungen treffen. Weil sie in einer völlig entkoppelten Welt leben. Märkte und Konsumenten agieren so dynamisch, dass so geführte Unternehmen nicht lange bestehen können. Die gehen vor die Hunde.

Aber auch im persönlichen Umgang stehen Ihnen unbewusste Bewertungen nur im Weg. Ein Beispiel: Dieter ist Schlossermeister, 50 Jahre alt, seit 25 Jahren in der Qualitätsabteilung. Er weiß, wo es langgeht, hat schon alles mal erlebt, alle kommen zu ihm, wenn sie nicht weiter wissen – Dieter kennt die Welt.

Dieter kriegt einen neuen Chef: blond, 32 Jahre, weiblich, neu im Unternehmen. Wenn sie in die Produktion geht, tauscht sie die High Heels gegen die Schutzschuhe und läuft mit Helm und Make-up durch die Halle.

Da weiß der Dieter doch sofort: Die hat keine Ahnung, die will sich nur wichtig machen. Und Anja, der Chefin, ist noch vor dem ersten Händedruck klar: Der ist ein Stoffel, Macho und Ignorant – eine Trägheitsfurche hoch zehn.

Jetzt stehen sie gemeinsam an einer der Produktionsmaschinen. Anja tippt mit dem lackierten Fingernagel gegen die Blechwand und sagt: »Bei diesem Element der Efficiency Analysis haben sich in dem Random Sample heute vormittag gravierende Qualitätsprobleme ergeben. Hier bauen Sie eine Messreihe auf: Diesen Step müssen wir checken. Sofort! Nicht erst nach der Pause. Haben Sie mich verstanden?«

»Dat kann jar nich sein: Da war der Kai-Uwe dran und bei dem ist immer allet sauber«, erbost sich Dieter. »Einen Deubel werd ich tun.«

»Aber die Measures sind eindeutig!«, antwortet Anja pikiert. »Hier: Sehen Sie!« Sie hält ihm den Ausdruck hin.

Dieter würdigt das Blatt keines Blickes, sondern richtet seinen Blick auf dieses unmögliche Wesen im Businesskostüm. Er ist auf 180: »So ein Quatsch. Dieser ganze theoretische Kram ist total weltfremd. Wenn ich sage, dass hier allet in Ordnung ist, dann ist dat so. Profilier dich wo anders!« Er brüllt: »Verstanden?«

Typischer Fall von doppelter Bewertungsfalle.

Ich weiß, dass es ein langer Weg ist, aus den eigenen Bewertungen auszusteigen. Doch es ist machbar und gewiss sinnvoll. Darf ich Ihnen einen ersten Schritt zur Vermeidung der Falle empfehlen? Ich habe es mir angewöhnt, mir meine Bewertungen bewusst zu machen. Wenn ich in ein Kundengespräch gehe, weiß ich, dass ich mein Gegenüber sofort bewerte. Das lässt sich gar nicht verhindern. Was ich aber verhindern kann, ist, dass ich meine Bewertung als solche nicht erkenne. Gerade wenn der erste Eindruck kein guter ist, bin ich mir dessen bewusst und halte mir auch ganz aktiv die Möglichkeit offen, dass sich meine Bewertung noch verändern kann. Und ganz ehrlich: Ich habe schon viele Kunden gehabt, bei denen sich erst auf den zweiten Blick herausgestellt hat, dass wir klasse miteinander auskamen.

Ich habe mich vom Zwang befreit, mich auf eine Bewertungsoption festlegen zu müssen. Was soll das auch?! Das ist überhaupt nicht nötig. Im Gegenteil – jenseits unserer Bewertungen gibt es so viel Freiheit zu genießen.

MEER

29. Kinder

Vor Kurzem besuchte ich meine Freundin Claudia, um ihre kleine Tochter willkommen zu heißen. Anna war gerade erst zwei Wochen alt. Ihre Mutter hatte sie in ein weiches Baumwolltuch gewickelt und legte mir die Kleine in den Arm. Nur das Köpfchen schaute heraus, aber durch das dünne Tuch konnte ich gut den kleinen Körper spüren. Und mit dem kleinen Fratz im Arm habe ich dann erst mal eine ganze Weile dagesessen. Ich war fasziniert. Und ich war nicht der Einzige … Ein Baby lässt jeden dahinschmelzen.

Warum? Natürlich auch, weil Babys niedlich sind oder weil sie den Mutter- oder Vaterinstinkt in uns wecken. Aber auch, weil Kinder in diesem frühen Stadium pures Sein sind. Das Kind ist einfach. Es hat noch kein Ich und somit kein Ego.

Die kleine Kreatur ist reine Natur.

Und diese Ursprünglichkeit überträgt sich auf jeden, der damit in Berührung kommt. Wenn Sie ein so kleines Kind im Arm halten, dann weist Ihnen dieses winzige Wesen den Weg zurück zu Ihrem eigenen inneren Kern. Dort, tief in Ihnen, sind auch Sie reine Natur. Auch wenn dieses reine Sein im Laufe des Lebens vom Ich überlagert wird und kaum noch zu spüren ist – es ist nicht weg. Durch den Kontakt zum Kind ist auch der Kontakt zu Ihrer ureigenen Natur wiederhergestellt. Zu keiner Zeit sind Sie mehr im Hier und Jetzt als in einem solchen Moment! Achten Sie einmal darauf.

Diese Gegenwärtigkeit bleibt, auch wenn die Unschuld des Kindes später nachlässt. Kinder überlegen zum Beispiel nicht, ob es klug oder angemessen ist, über den Haarschnitt der Nachbarin zu lachen. Sie lachen sich kaputt, wenn es für sie lustig aussieht. Sie weinen herzzerreißend, wenn sie Schmerz oder Trauer empfinden. Sie wollen schlafen, wenn sie müde sind. Und sie machen Pipi, wenn sie Pipi machen wollen. Jetzt. Sofort. Nie später.

Wer in dieser Gegenwärtigkeit mitschwingt, kann das ganze Taktieren, Planen, Verschieben und Nachholen, das so sehr zum erwachsenen Alltag gehört, außen vor lassen und sich stattdessen mit der eigenen Lebendigkeit, einem ins Jetzt gerichteten Hiersein und purer Lebensfreude verbinden. All die schönen Dinge, die Sie möglicherweise schon fast vergessen haben. Denn: Kinder wecken das Gegenwärtige in jedem Menschen.

Klingt so, als bräuchten Sie nur ausreichend Kontakt zu Babys und Kindern, um zu Ihrer wahren Natur zurückzukehren und gegenwärtig zu sein? Ganz so einfach ist es aber nicht. Denn auch bei den Kindern gibt es noch die andere Seite der Medaille …

Schauen Sie sich einmal an, was passiert, wenn zwei Kinder sich im Sandkasten um eine Schaufel streiten. Die suchen nicht das Gespräch, die finden auch keine sozial verträgliche Lösung. Nein. Die hauen schlichtweg drauf. Nach einer kurzen Weile merkt der Dreijährige, dass er dem Viereinhalbjährigen unterlegen ist. Und zwar kräftig. In der Zwischenzeit sind mindestens Tränen geflossen, vielleicht sogar Blut.

Ja, Kinder konfrontieren uns sehr wohl mit dem, was in uns gegenwärtig ist, und das ist manchmal eben nicht schön! Das ist Aggression! Oder Grausamkeit. Klingt fies, ist aber wahr. Wenn Sie ehrlich sind, steckt auch brachiale

Energie in Ihnen. Energie, durch die Ihnen sprichwörtlich die Sicherungen durchbrennen.

In solchen Momenten lassen Sie Schimpfwort-Tiraden ab gegen den Fahrer vor Ihnen, der seit einer Ewigkeit mit 40 Kilometern pro Stunde über die Fahrbahn schleicht. In solchen Momenten pflaumen Sie die Verkäuferin im Supermarkt an, weil Sie vorhin von Ihrem Chef grundlos zusammengefaltet wurden. Und dann? Was ist dann? Am Ende fährt der vor Ihnen weiter 40. Und die arme Verkäuferin schaut Sie entgeistert an. Sie hat Ihnen schließlich nichts getan! Richtig gut geht es Ihnen in beiden Fällen nicht.

Wenn Sie einen Konflikt auf diese Weise führen, hinterlassen Sie verbrannte Erde. Am Ende gewinnt keiner. Das muss aber nicht sein. Nur weil Sie Aggression in sich haben, müssen Sie sie nicht zwangsweise ausleben. Und hier hat sich die Entwicklung zum Erwachsenen gegenüber dem Kind wiederum gelohnt. Denn an und für sich sind Sie ja jetzt in der Lage, zu entscheiden, wie Sie mit Ihren Emotionen und Impulsen umgehen.

Erwachsene können von Kindern viel lernen. Sie können lernen, viel häufiger ins Hier und Jetzt zurückzukehren. Die eigenen Gefühle, Gedanken und Bedürfnisse wahrzunehmen. Stattdessen tun aber die meisten Erwachsenen das Gegenteil. Sie fühlen nicht ihre Gefühle, sondern lassen sich von alten, angetriggerten Emotionen überrumpeln – und dann wiederum fangen sie an, sich wie ein Kind zu verhalten. Nicht kindlich, sondern kindisch. Sie hauen drauf, obwohl der andere ihnen nichts getan hat.

Darum: Achten Sie gut darauf, was Sie sich von den Kleinen abschauen. Und: Bleiben Sie erwachsen! Wie das geht? Indem Sie erstens sich wahrnehmen und zweitens denjenigen, der Sie gerade ärgert.

Diese kindische Seite in Ihnen können Sie zum Beispiel stoppen, wenn Sie sich völlig dem Leiden des anderen zuwenden. Dann – und nur dann – kommt Friede in die Situation.

Stellen Sie sich vor, Sie sitzen im Flugzeug von London nach München. Business Class. Sie haben es sich gerade in ihrem komfortablen Sitz bequem gemacht, die Stewardess hat Ihnen eine kleine Erfrischung gereicht, alles ist entspannt und gut. Und dann fängt drei Reihen vor Ihnen ein kleines Kind an zu plärren. Nicht weinen. Plärren. Und dann schreit es wie am Spieß. Den gesamten Flug. Zwei Stunden!

Sie kommen gerade aus einem Verhandlungsmarathon, haben Kopfschmerzen, sind hundemüde, wollen nur entspannen. Und dann das Geplärre! Das kostet Sie den letzten Nerv.

Sie verdrehen die Augen, Sie murren leise vor sich hin, nach und nach immer lauter. Ihre Aggression staut sich immer weiter an. Die werden Sie nicht los. Später wird aus dem Genervtsein Wut – und dann platzt es aus Ihnen raus. Sie schreien die Flugbegleiterin grundlos an.

Muss das sein?

Nein, muss es nicht. Die Flugbegleiterin hat Ihnen nichts getan. Der kleine Schreihals hat Sie auf die Palme gebracht. Allerdings ist auch er nicht Schuld an Ihrem Ärger. Das Gefühl machen Sie sich selbst und schieben die Schuld dafür unbewusst dem Baby in die Schuhe. Achten Sie mal darauf. In dem Moment, in dem Sie sich dem Leiden des kleinen Bündels da vor Ihnen zuwenden – in dem Moment verändert sich in Ihnen sofort etwas.

Sobald Sie nachvollziehen, dass der andere nicht so handelt, weil er Sie ärgern will, öffnen Sie sich für Mitgefühl.

Und dann passiert Folgendes: Sie lassen automatisch die Hand sinken, die eben noch zuschlagen wollte. Auskeilen oder Anteil nehmen. So einfach ist es.

Wenn Sie das nächste Mal mit Ihrem Nachbarn in Streit geraten, haben Sie jetzt zwei Möglichkeiten: Entweder Sie gehen – Auge um Auge, Zahn um Zahn – in die Konfrontation. Oder: Sie öffnen sich dem Leid im anderen – die Angst Ihres Nachbarn, möglicherweise übervorteilt zu werden. Wofür werden Sie sich entscheiden?

30. Urlaub

25 Grad Celsius im Schatten. Eine angenehme Brise kräuselt das Wasser im Pool leicht. Ich gehe barfuß über den sonnengewärmten Boden. Mein Blick streift die Palmen unten am Strand und bleibt dann an den sanften Hügeln auf der anderen Seite der Insel hängen. Was für ein herrlicher Tag, denke ich, als ich meine Beine genüsslich auf der Liege am Pool ausstrecke – und meinen Arbeits-Rechner aufklappe.

Da hätten Sie die Leute um mich herum mal sehen sollen! Von allen Seiten böse Blicke! Sie waren kurz davor, mich in Gedanken zu steinigen. Und ich konnte mir ziemlich genau vorstellen, was sie dachten:

»Kann der denn nicht abschalten?«

Dass Menschen Arbeit verteufeln, erlebe ich immer wieder. Und zwar nicht nur im Urlaub. Achten Sie mal darauf, wie sämtliche Radiosender das Wochenende highlighten. Der Montagmorgen startet damit, den Menschen in den Büros und an den Fließbändern Trost zu spenden. Mittwoch ist schon die Hälfte der unseligen Arbeitswoche geschafft. Den Donnerstag feiert die Welt als »kleinen Freitag«, und dann ist endlich wieder Wochenende. Endlich leben!

Arbeitsfreie Zeit in Form von Wochenende oder Urlaub ist heute eine Art Ersatzreligion. Und so gibt es Menschen, die leben von Urlaub zu Urlaub. Die Zeit dazwischen ist ein notwendiges Übel, das sie in Kauf nehmen. Müssen. Um die Wochen bis zur nächsten Auszeit zu überstehen, bauen sie sich ihr Urlaubsfoto als Bildschirmhintergrund oder sie hängen das Flugticket schon mal an die Pinnwand. Bald ist es wieder so weit …

Hier ist also das Leben, dort die Arbeit. Beides zusammen? Unmöglich!

Für mich ist diese Zweiteilung Unsinn! Sie unterstellt, dass Arbeit schlecht ist und den Menschen vom wahren Leben abhält. Und sie gaukelt uns vor, dass dieses »Leben«, das nicht im Büro stattfindet, per se angenehm sei. Hallo? Was ist dann mit der Hausarbeit? Das verkalkte Bad putzen inklusive der gut besuchten Toilette, regelmäßig alle Zimmer aufräumen, täglich muss ein anderes frisches Gericht auf den Tisch, und wie, Sie haben nicht alles da? Na, dann wieder mal ab zum Einkaufen. Putzen, Kochen, Wischen – Ich kenne keinen Freizeitpark, der sowas im Programm hat. Sie?

Obendrauf die Terminkoordination mit dem Lebenspartner oder der Familie. Der Sohn muss zum Hockey und die Tochter zum Fußball gebracht werden. Mann, nach so viel Freizeit ist ein Acht-Stunden-Workshop Erholung pur!

Dass der Mensch Entspannung braucht, ist klar. Erholung ist super wichtig! Kein Körper kann auf Dauer funktionieren, wenn er ausschließlich Belastungen ausgesetzt ist. Auch Ihr Geist will Ruhe- und Genusspausen. Auf der Liege am mexikanischen Sandstrand, wo Ihnen der Service von der Strandbar eiskalte Drinks serviert, ist das sicher sehr angenehm. Ich frage mich nur: Warum gönnen sich die meisten Menschen solche Genuss- und Ruheinseln nur im Urlaub? Warum machen sie das nicht jeden Tag? Wie oft habe ich Sätze gehört wie: »Nur im Urlaub kann ich es mir so richtig gut gehen lassen. Im Alltag habe ich keine Zeit.« Hoppla, da scheint ein tiefer Glaube am Werk zu sein.

Jemandem, der 14 Stunden am Tag arbeitet und sonst nur isst und schläft, glaube ich es, dass er sich nur im Urlaub erholen kann. Aber wie viele Menschen tun das? Ich glaube, der Grund, warum der Urlaub und das Wochenende so hoch gehängt werden, liegt nicht daran, dass wir so schwer arbeiten. Sondern darin, dass die Auszeit als eine Art Refugium angesehen wird – wo all das stattfinden kann, was sonst im Leben nicht möglich ist. Die Menschen frönen der Illusion, dass es ihnen nur im Urlaub gut geht. Nur dann können Sie …

… sich erholen.
… sich etwas Gutes tun.
… endlich die Wünsche ausleben, die sie sich sonst immer versagen.
… mal weg sein aus der Routine.
… Sport machen.

Studierte Leute, die alles andere als bildungsfern leben, sagen zu mir: »Tja, im normalen Leben, da habe ich halt keine Zeit, Sport zu machen.« Und dann treiben sie im Urlaub Sport. Zweimal im Jahr! Zweimal im Jahr Extremsport und den Rest des Jahres die ruhige Kugel schieben. Jeder, der ein bisschen Erfahrung mit Sport gemacht hat im Leben, weiß, dass das kein sinnvolles Trainingsprogramm für den Körper ist, sondern purer Stress. Und dass diese Leute nach ihrem Gran-Canaria-Trip noch kaputter sind als vorher. Da wird dann jeder Tag bis ins letzte Detail verplant. Montag die Bergtour auf den Rogue Nublo, Dienstag die Radrundfahrt, anschließend ins Museum, Mittwoch unbedingt an den Strand, das Buch lesen, zu dem sie sonst nicht die Zeit finden.

So viele Menschen machen sich mit ihrem Geist ihr Leben so eng, dass sie meinen, nur im Urlaub alles auszuleben zu können, was sie sind! Das kann gar nicht funktionieren. Sie lassen es sich im Urlaub eben nicht gut gehen! Und ganz tief drinnen wissen sie, dass dieser Urlaub zu Ende gehen wird. Und dass dann die nächste Fron wartet. Da schieben sich doch gleich am Anfang des Urlaubs die Wolken vor die Sonne, oder?

Aber wer sagt denn, dass Sie die Dinge, die Ihnen im Leben wichtig sind, immer bis zum Urlaub schieben müssen?

Machen Sie Urlaub im Alltag.

Bauen Sie den Sport in Ihre Woche ein. Ein Abend Fitness pro Woche ist besser als drei Monate lang gar nichts. Und wenn Sie das eingeführt haben, dann gucken Sie, ob Sie es nicht sogar zweimal schaffen. Vielleicht stellen Sie fest, dass Sie die Bewegung nicht auf den Gang ins Fitnessstudio beschränken müssen, sondern dass Sie sich jeden

Morgen nach dem Zähneputzen zehn Minuten strecken können. Was für eine gute Art, den Tag zu beginnen! Und warum nicht mal an sonnigen Tagen das Rad nehmen, statt das Auto? Einige kleine Oasen im Alltag können ein viel stärkeres Urlaubsgefühl geben als die eine Woche im Engadin mit der Familie. Denn dort haben Sie Frau und Kinder an der Backe. Ihre Oase wiederum haben Sie nur für sich.

Letztlich steht »Urlaub« ja für eine Zeit, die Sie in Ihrem Sinne selbst gestalten. So wie Sie es wollen. Und das können Sie jeden Tag, jede Stunde, jede Minute. Das können Sie sogar bei der Arbeit machen.

Ein Bekannter ist Partner in einer der großen Unternehmensberatungen in München. Ein echter Extremjob! Er holt für sein 20-köpfiges Team die Aufträge an Land. Sie können sich vorstellen, unter welchem Druck er steht! Dass der Typ nicht nachmittags um 17 Uhr den Stift fallen lässt, ist klar. Auch wenn er viele Sachen im Home Office erledigt, ist er trotzdem an den meisten Tagen nicht vor 22 Uhr zu Hause. Ein Pensum, das nichts anderes zulässt als Arbeit? Falsch gedacht.

Mein Bekannter hat zwei Kinder, die ihn nicht nur von Erzählungen und Fotos her kennen. Und er macht Extremsport. Triathlon – und zwar so intensiv, dass er einmal im Jahr beim Ironman auf Hawaii teilnehmen kann.

Ich sag Ihnen mal, wie dessen Woche so aussieht:

Er steht morgens um 4.30 Uhr auf und treibt Sport.

Mittags setzt er sich nicht wie seine Kollegen in die Kantine, sondern isst etwas Obst und legt eine Laufrunde ein. Weil ihm die Bewegung wichtiger ist, als jeden Tag bei fettigen Pommes die gleichen Mittagsgespräche zu führen.

An zwei Tagen pro Woche kommt er jeweils um 18 Uhr nach Hause, um Zeit mit seinen Kindern zu verbringen. Sind die Kleinen im Bett, geht er noch mal an den Rechner.

Freitags arbeitet er bis 23 Uhr. An den Wochenenden arbeitet er nicht. Null. Nie.

Für den Ironman müsste er sonntags 200 Kilometer Radfahren. Weil er dann jedoch seine Familie nicht zu Gesicht bekäme, macht er es anders: Er fährt stattdessen zum Spitzingsee hoch, lässt sich wieder runterrollen. Fünfmal hintereinander. So schafft er es tatsächlich, alle wichtigen Menschen – seine Familie, seinen Chef, Kunden und Kollegen – in sein Leben zu integrieren! Hammer!

Und wenn ich ihm begegne, habe ich immer den Eindruck, er ist tiefenentspannt! Der Mann wirkt immer präsent, selbst im Fahrstuhl oder auf dem Weg ins Meeting. Einmal habe ich ihn mal gefragt: »Hey, Sie meditieren sicher viel, oder?«

Er: »Nein. Nie.«

Ich: »Dann haben Sie wohl zehn Inkarnationen hinter sich, wo Sie das gemacht haben.«

Wir mussten beide lachen.

Auch wenn seine Kollegen sicher denken, dass der Mann ein Rad abhat: Er lebt sein Leben! Und er wartet mit Sicherheit nicht auf den nächsten Karibikurlaub, um sich zu verwirklichen.

Ich sage Ihnen nicht, Sie sollen es wie dieser Bekannte machen. Urlaub im Alltag muss nicht bedeuten, nur fünf Stunden zu schlafen und seinen Terminkalender durchzutakten bis auf die letzte Minute. Es geht auch lockerer. Aber es hat immer etwas mit Klarheit über die eigenen Werte, Prioritäten und Disziplin zu tun.

Dann können Sie sich bewusst Freiräume für die Dinge schaffen, die Ihnen wichtig sind – sei es der Sport, die Kinder oder die regelmäßige Liegestuhleinheit. Der Erfolg dieser Strategie hängt davon ab, mit welcher Konsequenz Sie dabei zu Werke gehen.

Erholen müssen Sie sich nicht
im Wellness-Hotel am Roten Meer.
Das können Sie auch an der roten Ampel!

31. Geld

Geld verdirbt den Charakter. In dem Punkt sind sich alle schnell einig. Menschen, die viel Geld angehäuft haben und deshalb einen Maserati vor ihrer dreistöckigen Villa stehen haben, erhalten – zumindest im deutschsprachigen Raum – selten Glückwünsche dafür, dass sie etwas Großes erreicht haben. Sie ernten eher Argwohn und Misstrauen. Offen oder hinter vorgehaltener Hand machen Vorwürfe die Runde, der- oder diejenige hätte sich ihren Reichtum nicht verdient. So viel Geld? Das kann doch nicht mit rechten Dingen zugegangen sein.

Andererseits hätten die meisten Menschen gern mehr Geld, als sie aktuell haben. Ich weiß nicht, wie es Ihnen geht, aber ich kenne kaum jemanden, der ein höheres Einkommen oder einen höheren Gewinn ausschlagen würde.

Reichtum verteufeln auf der einen Seite – Reichtum anstreben auf der anderen. Woher kommt dieser Zwiespalt?

Der Grund liegt in verschiedenen Glaubenssätzen, mit denen jeder Mensch in puncto Geld aufwächst. Wo auf der einen Seite der Glaube gilt, dass uns Geld zu schlechten Menschen macht, gilt auf der anderen:

»Wenn ich mehr Geld hätte, wäre ich glücklicher.«

Besser ein Porsche als kein Porsche, oder?! Und wenn Sie jemals lange auf etwas hingespart haben, wissen Sie die Vorzüge einer großzügig gefüllten Brieftasche zu schätzen. Wären Sie etwa unglücklich, wenn Sie Ihre Hypothek mit einem Schlag abbezahlen könnten? Ich nicht.

Dass mehr Geld mehr Glück bedeutet, ist eine weitverbreitete Annahme, nach der viele Menschen ihr Streben ausrichten. Sie sparen ein halbes Arbeitsleben, um sich ein Eigenheim zu kaufen. Und die andere Lebenshälfte sind sie damit beschäftigt, es abzubezahlen. Mehr Geld = mehr Glück, mehr Geld = mehr Lebensqualität?

Die Korrelation zwischen Geld und persönlicher Happyness ist inzwischen gut erforscht. Mehr Geld führt durchaus zu mehr Glück – allerdings gilt das nur bis zu einem Jahreseinkommen von etwa 60 000 Euro. Darüber hinaus sorgt ein Zuwachs an Geld nicht für eine höhere Zufriedenheit. Das heißt nicht, dass Sie nicht dennoch die Villa am Starnberger See oder den Porsche vor der Tür anstreben dürfen. Es muss Ihnen nur klar sein, dass Sie damit keine Glücksgarantie einkaufen.

Okay. Wenn zu wenig Geld nicht glücklich macht, ein Immermehr aber auch nicht – wodurch entsteht sie dann, die Zufriedenheit mit dem Geld? Woraus generiert sich das Gefühl, dass es passt, was Sie auf Ihrem Konto haben? Es ist die Antwort auf eine ganz einfache Frage:

Wie viel sind Sie sich wert?

Selbst wenn Ihnen Geld vielleicht nicht so viel bedeutet, ist es dennoch wichtig, wie viel Sie verdienen. Denn in unserer Gesellschaft ist Geld ein Zeichen für Anerkennung. Und nach Anerkennung streben wir Menschen permanent.

Vor Kurzem kommt eine Klientin zu mir ins Coaching, um sich auf eine bevorstehende Gehaltsverhandlung vorzubereiten. Sie verdient schon sehr ordentlich. So viel, dass sie laut Studien nicht mehr Glück empfinden würde, wenn sie mehr verdienen würde. Trotzdem will sie verhandeln. Wieso?

Weil sie im Unternehmen eine neue Aufgabe übernimmt. Und in diesem Unternehmen ist es üblich, dass solche Aufgaben höher entlohnt werden als ihre frühere Tätigkeit. Würde sie auf die Gehaltserhöhung verzichten, wäre es ein Zeichen mangelnder Wertschätzung sich selbst gegenüber. Also wollte sie schauen, wie viel sie noch für sich rausholen kann. Im Gespräch spüre ich schnell ihr Zögern. So recht steht sie nicht hinter ihrer Forderung.

»Wiebke, so wird das nichts. Was hindert dich?«

»Naja, ich fang doch mit dem neuen Job gerade erst an. Da kann ich es doch noch gar nicht so gut.«

Ich kann nur den Kopf schütteln: »Gehe ich recht in der Annahme, dass du dich, wie sonst auch, 150-prozentig in diese Aufgabe reinhängen wirst?«

Sie schaut mich an wie ein Dackel. »Ja, schon.«

»Gehe ich recht in der Annahme, dass du auch manche Abende im Büro verbringen und alles geben wirst, um die neue Aufgabe so gut du kannst zu erledigen?«

»Ja«, sagt sie, diesmal etwas energischer.

»Gehe ich recht in der Annahme, dass du auch für deine neuen Kunden am Wochenende erreichbar sein wirst, obwohl du nicht musst?«

»Richtig«, sagt Wiebke.

»Na also! Dieser Einsatz ist was wert. Ich bin mir sicher, es gibt nicht viele Kandidaten da draußen, die es so ernst nehmen würden wie du. Dass du das neue Gebiet noch nicht beherrschst, ist doch wohl klar. Und jeder andere Neue würde es ähnlich wenig beherrschen. Aber du wirst dich reinhängen. Also: Was willst du dafür verdienen?«

Das Coaching hat uns letzten Endes beiden Spaß gemacht hat. Und noch mehr Spaß hat es uns gemacht, zu sehen, wie Wiebke die Verhandlung erfolgreich abschloss. Warum ist ihr das gelungen? Weil sie zuvor ihren Wert erkannt hatte.

Ich wage zu behaupten, dass die meisten Menschen ihren Wert nicht kennen. Ganz gleich, ob im neuen Job oder im alten – um zu wissen, wie viel Ihr Engagement wert ist, braucht es eine gesunde Einschätzung, was Sie sich wert sind. Und woher nehmen Sie die?

Die Frage meine ich ernst!

Und die Antwort ist im Grunde ganz einfach. Treten Sie einen Schritt zurück und bewerten Sie ganz realistisch Ihre Leistung. So als wären Sie Ihr eigener Vorgesetzter. Wie sieht Ihre tägliche Arbeit aus? Dienst nach Vorschrift? Exaktes Abstempeln jeweils um Punkt 8.00 Uhr und Punkt 16.30 Uhr – und tschüss? Oder 24/7-Erreichbarkeit und Engagement bis an die Fiebergrenze? Was leisten Sie da Tag für Tag? Etwas, was jeder kann, oder müsste Ihr Chef oder Ihr Kunde lange nach einem ebenbürtigen Ersatz suchen? So, und dann fragen Sie sich, was Sie für Ihre Arbeit bezahlen würden, wenn Sie ein anderer exakt so ausführen würde wie Sie.

Auf diese Weise entgehen Sie der Selbstentwertungsfalle. Wenn Sie Ihre Leistung schmälern, macht das vielleicht Ihren Chef glücklich, aber Sie nicht.

Eine entspannte Beziehung zu Ihrem Verdienst erreichen Sie nur dann, wenn Sie Ihren Selbstwert ausleben können. Und dazu gehört es auch, sich angemessen entlohnen zu lassen.

Zufriedenheit entsteht, wenn Sie so viel Geld verdienen, wie Sie meinen, dass Sie wert sind. Das wünsche ich Ihnen!

Viel Geld als Zeichen für Anerkennung zu verdienen ist aber nur die eine Seite der Medaille. Denn der Mensch wird nicht nur dadurch zufriedener, dass er mehr Geld hat, beziehungsweise dadurch, dass er so viel Geld verdient, wie er sich wertschätzt. Der Mensch wird vor allem auch zufriedener, indem er Geld gibt! Darum möchte ich jedem Menschen nahelegen: Spenden Sie! Übernehmen Sie Verantwortung. Und zwar nicht nur für sich selbst, sondern auch für das Wohl der Gemeinschaft. Geld zu spenden ist damit nicht nur ein freiwilliger karitativer Akt, sondern vielmehr ein entscheidender Weg, um dieser Verantwortung gerecht zu werden. Und: Sich für das Gemeinwohl zu engagieren sorgt nicht nur dafür, dass es anderen Menschen besser geht. Es ist auch gut für Sie!

Ja, das meine ich so. Indem Sie anderen Geld geben, geben Sie sich selbst etwas. Und zwar mehr als nur das gute Gefühl, das sich erwiesenermaßen bei jedem einstellt, der anderen etwas Gutes tut. Sie schenken sich dadurch selbst ein besseres und förderlicheres Umfeld. Denn auf dieser Erde sind wir alle miteinander verbunden. Mehr noch, wir sind richtig miteinander verstrickt. Kaufen Sie mal ein ganz normales Paar Socken im Supermarkt um die Ecke. Das Garn wird in Indien gewebt, die Socken in Nordafrika zusammengenäht und in Deutschland werden sie kartoniert und verkauft. Deshalb geht uns die Armut in Afrika oder ein Tsunami in Asien sehr wohl etwas an. Wir sind von den Menschen, die dort leben, abhängig. Und die Menschen dort sind abhängig von uns.

Es ist ein Irrglaube, dass Armut, Gewalt und Leid am anderen Ende der Welt uns nicht tangieren. Wäre überall auf der Welt Friede, Freude, Eierkuchen, bräuchten wir in Deutschland keine Flüchtlingsheime, und Sie könnten im Brasilienurlaub ohne Bodyguard durch die Favelas ziehen. Also: Geben Sie Ihr Geld dorthin, wo es für Sicherheit, Stabilität und Wohlstand sorgt. Dann werden auch Sie mehr Sicherheit, Stabilität und Wohlstand spüren.

Jedes Engagement für die Welt kehrt zu Ihnen zurück – in Form einer größeren Sicherheit der Gesellschaft. Und Sie können ganz aktiv dazu beitragen.

Indem Sie mit Ihrem Geld Glück für andere schaffen, schaffen Sie Glück für sich.

32. Persönlichkeit

Was macht einen Sportler zum Champion? Talent? Training? Technik? Know-how? Sicher, all das sind Eigenschaften von Leistungssportlern, ohne die sie gar nicht erst in die Profiklassen aufsteigen könnten. Aber um ganz oben auf dem Siegertreppchen zu stehen, anstatt sich mit Platz zwei, vier oder acht begnügen zu müssen? Darüber entscheiden nicht die sportlichen Fähigkeiten, sondern etwas anderes: Das letzte i-Tüpfelchen für den Erfolg hängt an der Persönlichkeit.

Boris Becker trainierte einige Zeit Novak Đoković. Aber er brachte ihm nicht bei, wie man Tennis spielt. Das konnte Đoković wahrscheinlich inzwischen besser als sein Trainer. Nein, es ging um etwas ganz anderes. Becker arbeitete mit ihm an seinem Selbstbewusstsein. An der Fähigkeit, unter Druck gelassen zu bleiben und wenn es darauf ankommt, alles zu geben.

Mein Mahamudra-Meditationslehrer ist auch Professor für klinische Psychologie an der Universität von Harvard. Im Rahmen dieser Tätigkeit hat er Athleten untersucht, die bereits mehrfach Olympiasieger geworden sind – also diese Höchstleistung nicht nur einmal gebracht haben. Was er herausgefunden hat, ist, dass das, was sie von anderen unterscheidet, ihr unbedingter Wille zum Erfolg ist. Der zeigt sich darin, dass sie sich nicht nur im Wettkampf, sondern in jedem Training auf den Punkt fokussieren können. Sie gewinnen, weil sie es wirklich wollen. Dafür tun sie alles, und zwar jeden Tag.

Dieser Wille ist ein Teil der Persönlichkeit, der dann aktiviert wird, wenn in einem anderen Persönlichkeitsanteil der richtige Antrieb gefunden ist. Keine Motivation von außen, keine noch so raffinierte Trainingsmethode kann das erzeugen. Deshalb ist der Persönlichkeitsaspekt Wille in Kombination mit dem Persönlichkeitsaspekt Ziel der Turbo für den Erfolg. Und das nicht nur im Sport.

Die Kombination entscheidet in sämtlichen Lebensbereichen, sei es im Businessalltag oder im Privatleben, darüber, ob Sie Ihre Möglichkeiten voll ausschöpfen oder im Mittelmaß verharren. Die Frage ist also – wenn Sie diesen unbedingten Erfolgswillen bis jetzt noch nicht gezeigt haben: Wie finden Sie Ihre zündende Kombination?

Es gibt ein schier unendliches Angebot an Methoden der Persönlichkeitsentwicklung. Neben den klassischen Lebensberatern wie Coaches, Trainer, Berater oder Therapeuten suggerieren selbst Priester, Pfarrer und Schamanen den Menschen, dass sie an ihrer Persönlichkeit aktiv arbeiten können. Wie das vor sich geht, erfahren Sie in den Kursen, Sitzungen, Gottesdiensten und so weiter.

Viele dieser Ansätze beschränken sich auf eine Art Erkenne-dich-selbst-Anleitung. Die verschiedenen Formen der Persönlichkeitstests, sei es DISG, MBTI oder wie sie alle heißen, führen dazu, dass die Leute sich erstmals mit sich selbst auseinandersetzen. Auf diese Weise Verhaltenspräferenzen herauszufinden ist tatsächlich ein wichtiger Schritt. Sich aber nur damit auseinanderzusetzen, um damit irgendwie besser zurande zu kommen, greift zu kurz. Denn das ist längst nicht das Ende der Fahnenstange.

Neben den Fragen »Was mache ich verstärkt?« und »Wie mache ich es?« gibt es eine viel entscheidendere Frage, nämlich: »Warum mache ich es?«

Die Antwort darauf führt zu etwas ganz Wesentlichem im Leben eines Menschen: zu seinen Werten und Motiven.

Möglicherweise stellen Sie fest, dass Sie es eigentlich gar nicht leiden können, diese unselige Führungsarbeit. Es gehört halt dazu, um Karriere zu machen. Also machen Sie es. Aber es ist eigentlich nicht Ihres. Sie fühlen sich viel wohler, wenn Sie gemeinsam mit einem Kollegen an einem handfesten Problem herumtüfteln. Und darin sind Sie – wenn Sie ehrlich sind – auch viel besser. Da liegt Ihre Spur: Das ist Ihre Fähigkeit und das ist Ihre Leidenschaft. Und warum zündet die Kombination trotzdem nicht?

Nur zu wissen, was der persönliche Antrieb ist, nützt noch rein gar nichts. Neben dem Willen und dem Antrieb braucht es eine dritte Voraussetzung, um Champion auf einem Gebiet zu werden.

Ich kenne tatsächlich viele Menschen, die über eine breite Auswahl an Fähigkeiten verfügen. Aber irgendwie gelingt es ihnen nicht, ihre PS auch auf die Straße zu kriegen: Es hapert bei ihnen an der Umsetzung, auch wenn sie es sich sehr wünschen und ein Ziel haben. Der Grund, warum es nicht funktioniert, sind nicht äußere Hindernisse. Nein, der Grund liegt in ihnen selbst. Diesen Menschen fehlt der nötige Persönlichkeitsanteil Selbstbewusstsein, der ihnen glaubhaft vermittelt: »Ja, ich bin dazu fähig.«

Selbstbewusstsein ist die Grundvoraussetzung, dass Selbstwirksamkeit entsteht. Und das ist der Punkt, an dem meines Erachtens Persönlichkeitsentwicklung wirklich ansetzen sollte: bei der Entwicklung von Selbstbewusstsein. Damit die dritte Komponente zum persönlichen Erfolg auch gegeben ist. Dann wird aus dem Projekt eine Berufung, bei der Persönlichkeit, Antrieb und Mut ineinandergreifen und zünden.

Aber Achtung: Das mit der Persönlichkeitsentwicklung ist kein einmaliger Prozess. Die Persönlichkeit mit all ihren Komponenten ist in ständigem Fluss. *And when you think you're done with it, it's not.*

The journey is endless, the territory is infinite.

33. Motivation

Friedemann Schulz von Thun ist ein international bekannter Psychologe und Kommunikationswissenschaftler. Er hat das Modell des Kommunikationsquadrats und des Inneren Teams entwickelt. Er ist für seine Arbeit mit einer Vielzahl von Preisen ausgezeichnet worden – er ist so was wie ein Star.

Ich hatte das Glück, eine Zeit lang bei ihm lernen zu dürfen. Abends nach dem Seminartag hat er sich nicht etwa zurückgezogen, sondern saß gemeinsam mit uns beim Abendessen. Er dozierte auch nicht – seiner Psychologen-Starrolle gemäß – über große Thesen oder bewahrte bewusst Distanz. Nein, er saß mit uns zusammen und erzählte uns ganz unprätentiös über die Schwierigkeiten, die er hatte, als er in relativ hohem Alter noch Vater geworden war. Er zeigte keine Spur von Stargehabe oder Rollenbewahrung, er war einfach nur Mensch.

Überzeugender hätte er seinen Seminarteilnehmern seine These nicht vorführen können, dass Motivation und Führung nur funktionieren, wenn der Mensch in seiner Rolle sichtbar und nahbar wird. Wer es schafft, seine eigenen Schwächen in Kontakt zu bringen mit der Rolle, die er innehat, und auch gegenüber anderen offen damit umgeht, der ist in der Lage, den Funken überspringen zu lassen.

Es ist ein weitverbreiteter Mythos, dass Menschen von außen, zum Beispiel durch Anreize, motiviert werden können – auch wenn das die gängige Praxis in unserem Alltag ist. Das beginnt bereits in der Schule: Bei guter Note gibt es ein Schulterklopfen, bei schlechter eine Ermahnung, sich doch beim nächsten Mal noch mehr anzustrengen.

Onkel Hans setzt diesem Anreizsystem noch eins drauf: Er verspricht dem kleinen Martin einen Euro, wenn er eine Eins nach Hause bringt. Schließlich macht das Onkel Hans in der Arbeit genauso: Leistung bringt er dann, wenn es dafür eine Extrazahlung gibt. Dem ist die intrinsische Motivation so abtrainiert worden, dass er sie für gar nicht mehr möglich hält.

Nur mit der Karotte vor der Nase rennt der Esel.

Also denkt der gute Onkel, dass er den Martin mit der Aussicht auf den Euro endlich nachhaltig motiviert hätte. Damit liegt er jedoch komplett daneben. Denn mit den extrinsischen Motivatoren ist das so: Die nutzen sich schnell ab. Damit sie überhaupt noch ziehen, muss die Dosis laufend erhöht werden. Also wird Martin bald fünf Euro verlangen, um sich überhaupt noch anzustrengen. Und ohne Belohnung geht schon gleich gar nichts mehr in der Schule.

Im Arbeitsleben setzt sich dieses System fort: Dafür, dass Mitarbeiter wirklich ihre Leistung erbringen, sorgen zusätzliche Anreize. Das Unternehmen stellt Boni in Aussicht für den Fall, dass der Vertriebler am Monatsende fünf neue Kunden akquiriert hat. Was tut der Mitarbeiter? Er macht gerade so viel, dass es für den Bonus reicht. Und wenn dieser keine dynamische Komponente hat, wird der Anreiz seine Wirkung nach und nach verlieren. Jedes Anreizsystem ist so zwangsweise eine Sackgasse.

Doch was für ein Menschenbild steckt in den Unternehmen dahinter? Es stützt sich auf zwei Grundannahmen:

1. Der Mitarbeiter ist grundsätzlich faul. Also muss er angetrieben werden.

2. Der Unternehmenserfolg ist ihm egal. Deshalb muss er gesteuert werden, damit er das macht, was er soll.

Und die Steuerung erfolgt wie bei einer Maschine durch den Druck auf den Belohnungsknopf: Dann geht beim anderen die Motivationssäule hoch. Da steckt ein antiquiertes mechanistisches Grundverständnis dahinter, nämlich dass ein System das andere direkt steuern kann. Wir wissen heute, dass es keine simplen Reaktionsreihen gibt. Die komplexen Systeme, aus denen unsere Welt besteht, sind jeweils geschlossen und doch alle miteinander vernetzt. Sie haben Einfluss aufeinander, das ja – aber welche Beeinflussung welche Auswirkungen hat, ist nicht vorauszusehen.

Wir täten also gut daran, das gängige Menschenbild zu überprüfen. Kennen Sie dieses Kinderspielzeug? Ein kleiner geschlossener Rahmen, in dem sich geometrische Aussparungen befinden und dazu die passenden Klötzchen in Dreiecks-, Rechtecks- und Kreisform. Geben Sie so eine Box einem Kind von zwei bis drei Jahren in die Hand, dann sehen Sie, was intrinsische Motivation ist. Das Kind wird mit Feuereifer daran arbeiten, die passende Aussparung zu finden, um die Klötzchen hineinzukriegen. Und wenn es alle Klötzchen so in die Box befördert hat und Sie diese wieder ausleeren, wird es mit Begeisterung von vorne anfangen. Weil es das will. Intrinsische Motivation ist im Menschen von Geburt an vorhanden. Und nicht nur in Kindern.

Es wird Zeit, den Menschen als das zu erkennen, was er ist: neugierig und voller Lust, etwas zustande zu bringen.

Aber dass jeder Mensch von Natur aus motiviert ist, heißt nicht, dass er zwangsläufig *zu allem* motiviert ist. Intrinsische Motivation stellt sich nur unter bestimmten

Voraussetzungen ein. Es sind drei Faktoren, die diesen Antrieb bei Ihnen auslösen:

1. Leidenschaft: Sind Sie mit Herzblut bei der Sache?
2. Fähigkeiten: Entspricht die Aufgabe Ihrem Können?
3. Nutzen: Bringt die Tätigkeit Ihnen einen persönlichen Vorteil?

Die Frage nach dem persönlichen Nutzen können nur Sie selbst beantworten. Für den einen ist es die Anerkennung oder ein besonderer gesellschaftlicher Status. Andere ziehen einen Nutzen aus der Tätigkeit am Menschen, etwa wenn sie sehen, dass es anderen dadurch besser geht. Wieder andere genießen die Freiheit, die die Tätigkeit mit sich bringt, oder aber die hohe Sicherheit, die ihnen die Aufgabe gibt.

Wenn Sie für sich intrinsische Motivation gewinnen wollen, ist es also der erste Schritt, die drei Faktoren mit der jeweiligen Tätigkeit abzugleichen. Das können Sie nur für sich tun, Sie können es für keinen anderen Menschen übernehmen.

Jetzt gibt es aber viele Konstellationen, in denen Sie bei anderen Menschen Motivation schaffen wollen: sei es, weil Sie als Chef Ihr Team für ein Unternehmensziel oder Ihre Familie für gesunde Ernährung begeistern wollen. Dies können Sie zwar nicht auf Knopfdruck tun, aber Sie können trotzdem etwas zur Entstehung intrinsischer Motivation bei anderen beitragen. Echte Motivatoren drücken nicht auf die Bonus-Knöpfchen, sondern sie nutzen zwei ganz andere Ansatzpunkte:

- Motivatoren bieten Rahmen, in dem der andere sich ausprobieren und lernen kann. Stellen Sie sich vor,

Sie bauen einen Bretterzaun, und Ihr Kind fragt Sie, ob es Ihnen helfen kann. Geben Sie ihm eine Aufgabe, machen Sie ihm vor, wie es geht, und es wird aus innerem Antrieb heraus viel lernen.

- Motivatoren sind Vorbild. Das sind nicht die, die am höchsten oder am weitesten springen. Auch nicht die, die in Sekundenschnelle mit siebenstelligen Zahlen jonglieren. Nein, Menschen motivieren andere Menschen dann, wenn sie glaubwürdig vorleben, was sie sagen. Wenn sie Zeugnis ablegen: *You practice what you preach*. Diese Echtheit im Tun ist es, die Menschen begeistert – derart, dass sie diesem Vorbild folgen wollen, um es ebenso zu machen.

Die größten Motivatoren sind Menschen, die leben, was sie sagen. Sie zeigen: Motivation ist möglich.

34. Sex

Der durchtrainiert wirkende junge Mann steht am einsamen Traumstrand, blickt sinnend über das türkisblaue Meer, hebt den einen Arm und sprüht sich Deo in die Achselhöhle. Keine Sekunde später bricht eine Horde ekstatisch kreischender Frauen hinter den Palmen hervor und stürzt sich auf ihn. Ein seliges Lächeln spielt um seine Lippen. Schnitt. Nächster Spot: Eine Blondine mit Wespentaille und üppigem Busen stolziert den Boulevard entlang, fährt sich mit perfekt manikürten Fingern durch ihre üppig-glänzende Mähne – und die männlichen Passanten verdrehen reihenweise den Kopf nach ihr. Schnitt.

Sex sells. Nicht nur bei Pflegeprodukten greift die Werbeindustrie auf erotisch aufgeladene Bilder zurück. Vom Autoreifen bis zur Versicherung – es gibt kaum ein Produkt, in dem nicht Sex zum Träger der Werbebotschaft wird. Das Thema der geschlechtlichen Anziehung ist allgegenwärtig. Weil es funktioniert. Weil in uns unbewusst etwas darauf anspringt.

Und gleichzeitig springt noch etwas in uns an: ein Mechanismus, der unser Empfinden dessen, was normal ist, formt. Etwas, das wir überall und an jeder Ecke sehen, wird für uns normal. Wenn also an jeder Bushaltestelle, in jedem Fernsehformat, in jeder Zeitschrift die Botschaft transportiert wird: »Jeder und jede kann und will zu jeder Zeit«, dann prägt das unsere Einschätzung von dem, was in Bezug auf Sexualität normal ist. So entsteht Normierungsdruck.

Dieser betrifft nicht nur das Aussehen in Form von Sixpack und knackigem Po. Der geht noch tiefer, denn er macht Vorgaben zu unserem Verhalten und unseren Erwartungen an uns selbst und an andere.

Dabei erlebt jeder an sich selbst, dass dieses sexuelle »Paradies«, das Medien laufend vermitteln, rein gar nichts mit dem realen Erleben von Sexualität gemein hat. Da klafft eine Riesenlücke, denn mal ehrlich: Wenn ich mir diesen Werbespot mit dem deodorierten Mann, auf den sich gleich ein Haufen entfesselter Frauen stürzen, ernsthaft vorstelle: Da kriege ich ja mehr Angst als Lust.

Verstehen Sie mich richtig: Ich bin ein sinnesfroher Mensch und habe in meinem Leben nicht viel ausgelassen. Ich wünsche mir auch sicher nicht die Prüderie der 1950er-Jahre zurück. Aber das mediale Bild, das uns permanent serviert wird, hat mit sexueller Erfüllung nichts zu tun. Es erzeugt lediglich Druck. Damit ist auch Stress vorprogrammiert. Und Stress bereitet uns vor allem auf Kampf oder Flucht vor, aber sicher nicht auf Genuss und Hingabe.

Genau diese beiden zentralen Punkte gehen bei dem massenhaften Fast-Food-Sex-Anblick komplett verloren. Es sind diese beiden Aspekte, die dafür stehen, was Sex eigentlich ist: die Vereinigung zweier Menschen zum Einssein. Und wenn Sie jemals guten Sex hatten, dann haben Sie einen Eindruck davon, wie es ist: das Gefühl vom Einssein.

Dieses Gefühl ist auch das, das sich in der Meditation einstellt: wenn sich Grenzen auflösen und Sie gewahr werden, dass es kein »du« und kein »ich« gibt. Die Abgrenzung verschwindet, und es gibt nur noch ein allumfassendes »wir«. Das Einssein ist in der Meditation noch weiter und noch intensiver. Deshalb glauben Sie mir: In der Meditation können Sie Zustände erleben, die gehen weit über einen Orgasmus hinaus.

Aber bis dahin ist es ein weiter Weg. Aber auch wenn Sie einfach nur guten Sex erleben, dann kriegen Sie schon einen Eindruck von dem, mit dem Sie sowohl das eine, der Sex, als auch das andere, die Meditation, in direkten Kontakt bringt:

Sex und Meditation sind pure Lebensenergie.

Zwei Menschen geraten in eine gemeinsame Verzückung, der Kopf ist ausgeschaltet, es gibt kein Gestern und kein Morgen – nur noch diesen kosmischen Moment des Einsseins. Wenn Sexualität wirklich erfüllt ist, ist sie Ausdruck von Spiritualität – von etwas, das über uns hinausweist.

Deshalb liegt die katholische Kirche gar nicht so daneben, wenn sie sagt, dass Sex Ausdruck von etwas Göttlichem ist. Denn was ist Lebensenergie anderes als der Ursprung des Lebens, also von Gott?

Dieser Kontakt mit der Lebensenergie lässt uns ahnen, wie sich Göttlichkeit anfühlt. Und ich meine nicht etwa nur den Höhepunkt, sondern jeden Augenblick von Erregung, von Bewegung, oder von Stille, Ruhe, in die Augen schauen, sehen, spüren.

Denn die entzückenden, orgastischen Höhepunkte selbst bergen auch eine Gefahr: Stellen Sie sich vor, Sie hatten beim letzten Zusammensein mit Ihrem Partner einen Superorgasmus. Und jetzt sind Sie wieder beisammen und wollen das unbedingt wiederholen: Dann sind Sie in Ihrem Erleben nicht im Hier und Jetzt, sondern beim letzten Akt – und bei der Frage: Wie kriegen wir diesen gigantischen Abschluss wieder hin? Wenn es nur noch darum geht, auf den lustvollen Moment am Ende hinzuarbeiten, dann ist das gelebter Sexstress.

Deshalb geht es gar nicht darum, einen Entzückungszustand nach dem anderen zu erreichen – weder beim Sex noch bei der Meditation. Bei beidem geht es ums Hier und Jetzt!

Nur ist das Gespür für die Bedürfnisse in einem konkreten Augenblick vielen Menschen abhandengekommen. Das, was sie gestern toll fanden, ist ihnen klar – daran erinnern sie sich. Aber was macht ihnen in dieser Minute Lust? Das zu erspüren fällt ihnen viel schwerer.

Das können ihnen nämlich kein TV-Spot, keine Anzeige und keine Werbesäule dieser Welt beantworten – und auch nicht das perfekte Erlebnis der vergangenen Nacht. Denn auch das bleibt nicht konstant gleich.

Was gestern für Sie fantastisch war, muss es heute nicht mehr sein. Auch das ist Veränderungen unterworfen: Es ist tagesform- und phasenabhängig, also sprichwörtlich von Lust und Laune. Und diese Veränderungen gilt es zu bemerken und zuzulassen.

Denn die Antwort darauf, was *jetzt* das Richtige ist, können nur Sie finden, wenn Sie beginnen, in sich hineinzuspüren. Was ist es, auf das Sie genau *jetzt* Lust haben?

In der Sexualität haben wir die Chance, uns mit allem, was wir sind, zum Ausdruck zu bringen. Und dafür braucht es nicht unbedingt Kamasutra-Stellungen oder Experimente mit sonstigen Praktiken. Es gibt nur zwei viel grundlegendere Bedingungen dafür: Die eine ist, dass Sie in Kontakt mit den eigenen Bedürfnissen sind – und zwar in diesem Moment und nicht aus der Erinnerung.

Und die zweite Bedingung hat damit zu tun, dass Sie beim Sex nicht allein sind: Wenn Ihr Partner nichts von Ihren und Sie nichts von seinen Bedürfnissen erfahren, wird das Zusammenspiel nur zufällig klappen. Der Austausch darüber ist ein heikler Punkt, denn schon bei weniger tabuisierten Themen als Sex kann Austausch zwischen zwei Menschen schwierig sein. Deshalb ist es nicht verwunderlich, was Sextherapeuten berichten: dass viele Paare genau daran scheitern.

Wenn aber beide Voraussetzungen gegeben sind, kann Sex zu einem göttlichen Ereignis werden!

35. Liebe

»Das letzte Wort hat die Liebe«, singt Helene Fischer. Ach, klingt das schön! Und Millionen summen mit und schmachten vor Liebessehnsucht. Und dann treffen sie einen anderen Menschen und erleben die wahre Liebe, genauso wie im Lied. Und lieben und lieben. Und wenn sie nicht gestorben sind, dann lieben sie noch heute …

Pustekuchen! Für die meisten Menschen bleibt es bei der Sehnsucht. Und das letzte Wort haben oft Frust und Enttäuschung oder Zorn und Hass. So einfach ist das nämlich nicht mit der Liebe. Was meint die Frau Fischer überhaupt mit dem Wort »Liebe«? Was ist das eigentlich, was da angeblich immer das letzte Wort hat und dann doch ganz anders funktioniert als im Lied?

Das, was heute von Schlagersternchen als Liebe besungen wird, ist die romantische Liebe: Händchenhalten, Schmetterlinge im Bauch und nichts als tausend Glücksgefühle. Aber das ist eine Illusion. Und diese Illusion führt weg von der wahren Liebe. Dieses Bild hat mit Liebe, wie ich sie verstehe, gar nichts zu tun.

Denn Beziehungen, die in einer romantischen Liebe gründen, sind in Wahrheit ganz unromantisch an Konditionen gebunden. Die funktionieren nach dem Prinzip »Geben und Nehmen«. Das sind knallharte Deals! Die kennen Sie auch: Der eine bewegt sich gekonnt auf der gesellschaftlichen Bühne, der andere hält ihm den Rücken frei und profitiert vom Scheinwerferlicht und den Kontakten des anderen. Während der eine umwerfend gut kocht, massiert der andere ihm den Rücken.

Solange das Verhältnis von Geben und Nehmen in den Augen beider Partner ausgeglichen ist, also solange jeder das Gefühl hat, nicht benachteiligt zu werden, klappt das auch ganz gut. Da bleibt die Liebe erhalten. Aber sobald einer von beiden denkt, er steckt mehr in die Beziehung hinein, als er herausbekommt, wird es ungemütlich. Denn die Klausel im Kleingedruckten lautet: »Ich gebe, *wenn* dein Verhalten angemessen ist.« Ist es nicht angemessen, wird der Liebeshahn zugedreht.

Die romantische Liebe ist an unausgesprochene Beziehungsverträge gebunden. Bei Vertragserfüllung gibt es Belohnung. Bei Nichterfüllung drohen Vertragsstrafen. Eine solche Form des Miteinander ist nicht mehr als eine Transaktion. Was sich dahinter verbirgt, ist eine Liebe, die an tausend und eine Bedingung geknüpft ist: »Wenn du so bist, liebe ich dich.« Und: »Wenn du anders bist, liebe ich dich nicht mehr.«

So nüchtern und berechnend ist das mit der romantischen Liebe.

Sie können völlig zu Recht fragen: Was zum Teufel ist daran überhaupt romantisch? Ich antworte dann:

Diese ganze romantische Liebe
ist ein Riesenmissverständnis.

In jeder guten Freundschaft ist weitaus mehr vorbehaltlose Liebe zu finden als in einer romantischen Partnerschaft. Der gute Freund ist viel eher bereit, Fehler zu verzeihen und den anderen so anzunehmen, wie er ist.

Und warum bemerken wir das nicht? Weil wir *verknallt* sind! Dem Verliebten erscheint ein Mensch innerhalb von 48 Stunden als das Beste, was diese Welt je hervorgebracht hat. *What a nice feeling!* Aber Vorsicht: Diese Liebe hat nichts, rein gar nichts mit der anderen Person zu tun. Wie sollte sie auch, nach nur 48 Stunden?

Dieser »Fremde« ist noch nicht mehr als ein Objekt, das etwas im Liebenden auslöst. Diese Art von Liebe ist nicht intim! Der Liebende kommt dem anderen nicht nah, sondern nur seinen eigenen Projektionen. Er projiziert in den anderen etwas, das er schon immer sein wollte. Und diese Illusion entsteht ausschließlich in ihm selbst! Der andere ist daran unbeteiligt und bekommt davon auch gar nichts mit.

Sobald die Partner in einer Beziehung erkennen, dass der andere ihrer Projektion nicht entspricht, ist der Konflikt vorprogrammiert. Beide Partner setzen den Meißel an und versuchen, den jeweils anderen nach den eigenen Erwartungen zu formen. Bleibt die ganze Bildhauerei erfolglos, dann war es eben »der Falsche«. Neues Spiel, neues Glück. Das Rad dreht sich erneut. Und warum? Weil der andere nicht so sein darf, wie er ist. Verharrt die Beziehung in der romantischen Liebe, dann bleibt sie ein Verliebtsein in die eigene Projektion. Der Liebende verliebt sich gar nicht in den anderen. Sondern nolens volens in sein Zerrbild!

Wenn die romantische Liebe so unromantisch und selbstbezogen ist: Gibt es dann überhaupt so etwas wie wahre Liebe?

Ja, die gibt es. Und Sie können sie finden. Zum Beispiel wenn Sie meditieren oder beten. Irgendwann kommen Sie an einen Punkt, an dem Ihnen klar wird: *Alles* ist Liebe.

Denn Liebe drückt sich in unendlich vielen Formen aus. Nicht nur in der Beziehung zwischen zwei Menschen. Auch unsere Arbeit können wir mit Liebe tun. Ein Mechaniker, der sich mit hundertprozentiger Hingabe einer Maschine zuwendet – tut das mit Liebe. Indem Sie in einer Tätigkeit oder in einem Objekt *aufgehen*, ob bei Arbeit, in der Natur oder beim Sport, empfinden Sie Liebe. Und Sie müssen sie nicht herbeiführen. Sie ist einfach da.

Wir machen keine Liebe. Liebe ist.

In einer Partnerschaft können Sie zu dieser Erkenntnis gelangen, wenn die erste Verliebtheit nachlässt. Wenn Sie die große Ernüchterung erleben. Das, was ehemals zuckersüß war – »Wenn er seine linke Augenbraue so hochzieht, könnte ich ihn jedes Mal knutschen« –, ist jetzt kaum noch zu ertragen: »Wenn er seine linke Augenbraue noch einmal so skeptisch hochzieht, drehe ich durch!«

Erst nach der Überwindung dieses Realitätsschocks können Sie wirklich miteinander intim werden. Mit dem anderen *und* mit sich selbst. Ich kenne eine Frau, die hatte sich in einen sympathischen Typen verknallt, der ihr immer Rosen mitbrachte. Romantik pur! Irgendwann stellte sie fest, dass er ein aufbrausender dominanter Typ war. Macho pur! Sie wollte ihn loswerden. Und dann merkte sie plötzlich: Das hat was! Es ist anders, als ich es mir vorgestellt habe, aber es macht mehr möglich. Auch beim Sex! Da wackelte auf einmal das Schlafzimmer, nicht mehr nur die Blümchen!

Erst jetzt war sie in der Lage, den Partner ungebunden und befreit von ihren Erwartungen zu lieben! Wer anerkennt, dass sein Partner so ist, wie er eben ist, öffnet sich und seine Beziehung für die wahre Liebe.

Lassen Sie sich nicht verunsichern: Am Anfang einer Beziehung ist das Verliebtsein völlig in Ordnung. Und auch die eigenen Projektionen sind okay. Das macht Spaß und erzeugt ein Rauschgefühl, für das andere viel Geld ausgeben müssen. Genießen Sie das einfach. Wenn Sie einen Menschen noch nicht kennen, können sie ihn nun mal gar nicht so annehmen, wie er ist. Aber die Ernüchterung, die dann kommt, ist auch in Ordnung. Machen Sie sich nichts draus. Seien Sie lieber froh darüber. Denn dann haben Sie endlich die Chance, die Kurve zu kriegen, die romantische Liebe abzulegen und sich der wahren Liebe zuzuwenden.

Die Aufgabe auf dem Weg zu einer bedingungslosen Liebe heißt: Erkenne dich selbst! Erkenne deine eigene Projektion.

Nirgends können wir so viel über uns lernen
wie auf dem Weg zur wahren Liebe.

Die Frage ist: Was steckt hinter der Projektion? Was steckt hinter der Augenbraue? Warum ärgert sie mich jetzt so?

Es kann sein, dass sie ein altes Gefühl im Partner hervorholt. Sie ruft etwas wach, das Jahre zurückliegt. Vielleicht gab es einen dominanten Vater oder einen besonders rechthaberischen Lehrer? Und seitdem kann er schwer mit Kritik umgehen. Auch mit dem Hauch jeder Andeutung von Kritik. Zum Beispiel so einer hochgezogenen Augenbraue…

Der Partner hat damit überhaupt nichts zu tun! Das, was der andere auslöst, ist ausschließlich im Liebenden begründet. Und auch nur dort lässt sich ein Weg finden, um damit umzugehen.

Wenn Sie sich dieser Erkenntnis stellen, werden Sie merken, wie die negative Emotion, die Ihr Partner in Ihnen auslöst, immer kleiner wird. Die Dinge verflüssigen sich. Dann werden sie gasförmig. Sie wehen durch Sie hindurch. Wupp! Und dann ist nur noch Leichtigkeit.

Sobald Sie Ihren Partner mit all seinen Eigenheiten akzeptieren, wird Ihre Beziehung zu einem Ort unzähliger Möglichkeiten. Die bedingungslose Liebe schafft einen Raum, in dem ganz viel entstehen kann. In dem Sie wachsen können. Miteinander und aneinander. Je bedingungsloser die Liebe, desto größer dieser Raum. Sie erkennen den anderen immer mehr, wie er ist – mit all seinen Facetten.

Irgendwann nehmen Sie dann das Hochziehen der Augenbraue gar nicht mehr wahr. Es ist total unwichtig!

Dann hat die Liebe wirklich das letzte Wort.

WOLKE

36. Schönheit

Schönheit fasziniert die Menschen seit Urzeiten. Und das gilt heute mehr denn je: Wir leben in einer Welt, die davon geradezu besessen ist. Wir bewundern schöne Menschen und wollen selbst für unseren Körper bewundert werden.

Es gibt niemanden, für den Schönheit kein Thema ist. Auch wenn es nicht alle zugeben. Gerade wir Deutschen legen da eigenartige Vorstellungen an den Tag: Wer gut aussieht und Wert auf einen schicken Style und eine gute Figur legt, der kriegt schnell den Stempel »oberflächlich«. Und wer oberflächlich ist, der ist nicht echt, authentisch und tiefgründig.

Das sehe ich nicht so. Ich gebe offen zu: Ich trainiere nicht nur, weil es gesund hält, sondern auch weil ich es genieße zu sehen, wie Muskeln meinen Körper formen. Sich gut zu kleiden, vielleicht einen coolen Duft aufzulegen – all das ist wunderschön!

Das Problem ist auch nicht die Schönheit an sich. Das Problem liegt ganz woanders.

Waren Sie schon mal im Louvre? Und haben die Schönheiten der Renaissance bewundert? Dann haben Sie sicher bemerkt, dass sich die Schönheitsideale seit dieser Zeit erheblich verändert haben: Doppelkinn war damals sexy. Schwabbelbauch auch.

Auch damals gab es bereits eine konventionell-genormte Schönheit – sie war nur anders als unsere heutige. Wer die Schönheits-Hitliste seiner Zeit anführt, ist nicht zufällig ausgewählt, sondern entspricht einer gesellschaftlichen Schönheitsnorm. Es sind Konventionen, die bestimmte Merkmale und Eigenschaften als schön definieren. Und die bestimmen das, was die meisten von uns empfinden.

Heute ganz vorn dabei: die schlanke Figur. Dazu noch Attribute wie üppiger Busen, schlanke Beine oder knackiger Po. Wo wir auch hinsehen, werden wir mit diesen Schönheitsvorgaben konfrontiert und in unseren Sehgewohnheiten eingenordet. Medienformate wie »Germany's Next Topmodel« verstärken diesen Schönheitskrampf auch noch im Wochenrhythmus. Und so wird die Konvention zum Zwang. Jeder, der eine pubertierende Tochter zu Hause hat, weiß, was für Dramen sich vor dem Spiegel abspielen.

Der Zwang, nach der normierten Schönheit zu streben, kann zur Tortur werden. Klar, wenn Sie leidenschaftlich gern nach 17 Uhr nur noch eine Handvoll Salatblätter und abgekochtes Wasser zu sich nehmen, ist das vollkommen in Ordnung. Sobald Sie sich aber dazu zwingen, unterwerfen Sie sich den gesellschaftlichen Normen. Und lassen sich diktieren, dass Sie nur noch Halbfettmargarine auf Ihr Brot schmieren.

Auch die Zahl der schönheitschirurgischen Eingriffe ist extrem gestiegen. Aber ganz ehrlich: Ich kenne nur wenige, die nach so einer Operation sagen: »Nun bin ich glücklich.«

So etwas nennt man Schönheitsdiktat. Dabei heißt, sich einem Diktat zu unterwerfen, immer, sich nach Regeln anderer zu richten. Wer sagt denn, dass 50 Kilogramm bei einer Größe von 1,72 Zentimetern das perfekte Model ergeben? Gehen Sie mal nach Afrika und fragen Sie die Menschen dort nach ihrer Meinung zu Kate Moss oder Gisele Bündchen. Die sagen Ihnen: »Was für Hungerhaken! Gebt ihnen mal was zu essen.« Und verweisen stolz auf die üppigen Formen der einheimischen Schönheiten.

Das Problem mit der Schönheit liegt also nicht in der Schönheit, sondern in ihrer normierten Bewertung. Da spielt auch die damit verbundene Selbstabwertung mit hinein, wenn Sie diesen Normen nicht entsprechen. Denn was tun Sie, wenn die Vergleiche mit den normierten Schönheiten zu Ihren Ungunsten ausfallen? Sie fühlen sich schlecht. Macht Sie das schöner? Mit Sicherheit nicht.

Was aus meiner Sicht aber das größte Problem mit der genormten Schönheit ist: Sie verstellt den Blick. Schönheit ist deshalb bei fast allen Menschen mit Glaubenssätzen belegt. Selbst die, die sich bewusst gegen die gesellschaftlichen Konventionen absetzen, bleiben oft im simplen Widerspruch stecken.

Ein Freund erzählte mir neulich, dass seine Frau das dringende Bedürfnis habe, sich den Busen vergrößern zu lassen. Nur so könne sie sich richtig schön fühlen. Er war davon total schockiert. Für ihn war der Eingriff in die Natürlichkeit des Körpers ein absolutes No-Go! Glaubenssätze hüben wie drüben.

Die Normen lassen nämlich keinen offenen Blick zu. Sie geben einen ganz bestimmten Blickwinkel vor. Und so geht alles, was darüber hinaus in dieser Welt an Schönheit steckt, verloren: Wenn der Blickwinkel für Schönheit festgelegt ist, sind alle anderen Perspektiven von Haus aus nicht schön.

Die einzige Chance, die wahre Schönheit an sich und anderen zu entdecken, besteht darin, sich der eigenen Bewertungen bewusst zu werden und sich zumindest für Momente von ihnen zu entkoppeln. Dann können Sie einen anderen Blickwinkel einnehmen und anders wahrnehmen: sich selbst, Ihren Körper, die Menschen in Ihrem Umfeld, die Dinge in Ihrem Umfeld.

Die Perspektive bestimmt die Schönheit.

Es ist meine tiefe Überzeugung, dass die eigentliche Schönheit vor allem damit zu tun hat, die Schönheit wahrzunehmen – in den Dingen und in sich selbst. Genau das macht nämlich den Unterschied: nicht nur in dem, was Sie auf einmal in der Welt an Schönheit entdecken. Sondern auch darin, wie die Welt an Ihnen Schönheit entdeckt. Das ist die Wahrheit, die hinter dem abgegriffenen Spruch »Die wahre Schönheit kommt von innen« steckt.

Es begegnen mir immer wieder Menschen, die sind den Normen nach schön: klassisches Gesicht, toller Körper. Manchmal fehlt ihnen trotzdem etwas. Wenn sie nämlich die Ausstrahlung eines Tiefkühlschranks haben, dann sind sie unattraktiv. Trotz 90-60-90 oder Sixpack.

Wenn Sie sich bewusst für Schönheit öffnen, werden Sie sehen, was alles schön ist. Und das ist so viel mehr, als Hochglanzmagazine uns glauben machen wollen: Es ist der alte Mann mit dem gebeugten Gang, der so viel Würde ausstrahlt. Oder die melancholische junge Frau, die mit schweren Lidern so versunken wie anmutig auf der Parkbank sitzt. Oder dieser Kerl, der mit den Kopfhörern am Ohr mitreißend elegant den Bürgersteig entlangtanzt.

Das ist eine Schönheit, die aus dem Einklang mit sich selbst entspringt. Diese Menschen lassen die Schönheit der Welt in sich einströmen – und sie strömt aus ihnen wieder hinaus.

Daher habe ich für mich beschlossen, keinen Blick mehr in all diese Magazine rund um die Schönheit zu werfen. Denn ich weiß: Schönheit liegt im Auge des Betrachters. Wenn ich »richtig« schaue, kann ich täglich so viel Schönes jenseits aller Formen und Normen entdecken …

Do not read beauty magazines, they will only make you feel ugly.

(Baz Luhrmann: »Everybody's Free to Wear Sunscreen«)

37. Tod

In meinen Seminaren geht es oft um Ängste. Alle Teilnehmer sind dann eifrig dabei, ihre Ängste zu erkennen und zu bearbeiten. Irgendwann mache ich schließlich eine Pause und sage: »Übrigens, Ihnen ist allen klar, wie mir auch, dass unser Dasein auf diesem Planeten endlich ist? Sie werden eines Tages sterben. Das Einzige, was Sie nicht wissen: an welchem Tag das sein wird.« Und dann schaue ich in die Runde. Alle starren mich an, als wäre das wirklich harter Tobak, den ich da bringe. Dabei ist das die banale Realität. Die wir jeden Tag ausblenden.

Das Verdrängen der Sterblichkeit erfolgt nicht nur auf individueller Ebene. Es ist auch ein gesellschaftliches Phänomen. Der Tod findet nicht mehr im Alltag statt. Er wird verbannt an spezielle Orte, wo wir ihn nicht sehen müssen. Gestorben wird oft nicht mehr daheim, sondern in dafür vorgesehenen Refugien: in Krankenhäusern, in Altersheimen, in Hospizen.

Auf diese Weise externalisiert die Gesellschaft als Ganzes den Tod. Mit der Konsequenz, dass es dem Einzelnen umso leichter fällt, dem Bewusstsein für das Sterben aus dem Weg zu gehen.

Vor Kurzem traf ich in einem Fahrstuhl einen alten Mann. Er stützte sich auf seinen Rollator, sein Gesicht war fahl, sein Atem rasselte. Wir unterhielten uns kurz, dann stieg er aus. Und ich dachte mir: »Er blendet den Tod nicht mehr aus. Ihm ist vollkommen klar, dass sein Leben endlich ist. Und auch ich werde irgendwann an diesem Punkt sein. Vielleicht sogar schon viel früher, als ich jetzt denke.«

Denn dies ist das Einzige, was gewiss ist im Leben:

You're gonna die one day.

Warum wehren wir uns aber so kollektiv gegen diesen Gedanken?

Ich glaube, es liegt daran: Wir halten uns für aufgeklärt, aber letztlich haben wir ein großes Fragezeichen in unserer Gesellschaft. So richtig an die ganze Auferstehung glauben wir ja nicht mehr. Wir sagen: »Gott ist tot.« Den neuen Papst finden wir zwar halbwegs schick, aber wir können mit dem Himmelreich, das da kommen mag, nichts anfangen, und mit der Hölle erst recht nicht. Mittlerweile glaube ich fast, dass es mehr Menschen da draußen gibt, die sich mit dem Gedanken der Wiedergeburt anfreunden können als mit der himmlischen Auferstehung – so richtig Ahnung, wie das funktionieren soll, haben sie aber auch nicht. Das heißt, diese grundlegende Menschheitsfrage danach, was nach dem Tod kommt, bleibt unbeantwortet. Und was machen wir also? Wir blenden die Frage aus.

Ich biete den Teilnehmern meiner Seminare immer ganz verschiedene Meditationen an. Und sie haben auf ziemlich viele von denen Lust. Aber die, auf die sie am wenigsten scharf sind, sind Meditationen, die auf den Tod vorbereiten. Als wäre das für sie kein Thema.

Die Tibeter haben ein ganz anderes Verständnis: Für sie hat die Art, wie sie durch den Tod hindurchgehen, eine so große Wirkung auf das, was nach dem Tod und dann im nächsten Leben kommt, dass sie diese Meditationen für die bedeutsamsten halten.

Meine beste Freundin leitet ein Hospiz. Sie hat schon tausende Menschen sterben sehen. Und sie sagt: Sie hat noch keinen einzigen erlebt, für den die Frage, was danach kommt, nicht doch auf einmal eine gigantische Bedeutung bekommen hätte.

Dieses konsequente Ausweichen vorher, dieses Ausblenden und Wegducken aus Angst davor, keine Antwort zu finden. Oder eine Antwort zu finden, die nicht gefällt. All das ist aus meiner Sicht vollkommen unnötig. Denn wenn Sie den Tod recht verstehen, begreifen Sie ihn als das Beste, was Ihnen in Ihrem Leben passieren kann. Und zwar aus einem Grund:

Der Tod gibt Ihrem Leben einen Rahmen.

Sobald Ihnen das klar ist, ist Ihnen nämlich auch klar, dass die Frage, wie Sie diesen Rahmen füllen, wahrhaft existenzielle Bedeutung hat. Solange Ihnen aber nicht bewusst ist, dass es einen Rahmen gibt, hat die Frage wenig Bedeutung und Sie werden sich nicht darum kümmern.

Das heißt, wenn ich weiß, dass die Stunden, Tage, Monate, Jahre, die mir bleiben, endlich sind – auch wenn ich nicht weiß, wie viele es sein werden –, wird meine Frage an mich unendlich viel wichtiger: Was zählt wirklich? Ich sortiere die Dinge aus, die keine Bedeutung haben. Und rücke die wichtigen Dinge in den Fokus.

Woody Allen sagte einmal – gefragt nach seiner Meinung zum Tod –, dass er strikt dagegen sei. Eine geniale Antwort, aber ich bin anderer Meinung. Ich halte den Tod für eine großartige Erfindung. Und das Bewusstsein des Todes für eine der größten Chancen in unserem Leben.

Ich liebe es, in Führungskräfteseminaren über den Tod zu sprechen. Denn sobald diese Tatsache im Raum steht – können Sie mit den Menschen über alle Themen, die sie unmittelbar betreffen, ganz anders reden. Weil diese Prokrastination, dieses Verschieben auf morgen, übermorgen oder das nächste Jahr nicht mehr gilt, wenn die Zeit begrenzt ist.

Denn wer weiß, wie viel Zeit noch bleibt? Zwischen Leben und Tod liegt genau ein Atemzug. So riskant ist das Leben.

38. Veränderung

Liebevoll streicht sie die Tischdecke glatt, wirft einen letzten prüfenden Blick auf die beiden akkurat aufgelegten Gedecke und nickt zufrieden.

»Essen«, ruft sie.

Sie lächelt, nimmt behutsam sein Bild mit dem Trauerflor von der Anrichte und stellt es auf den einen Teller, sodass sie sein Gesicht sehen kann, wenn sie sich gegenüber zu ihrem Teller setzt.

Munter erzählt sie, dass sie heute die letzten Himbeeren zupfen und daraus Gelee kochen wird. Sie sucht seine Augen: »Das magst du doch so gern.«

***

Es ist eine banale Weisheit: Veränderung gehört zum Leben. Alles, was ist, wird vergehen. Veränderung ist immer und überall. Und doch wollen wir nicht jede akzeptieren. Denn unser Ich hat Angst. Es hat Angst vor jeder Veränderung. Und warum?

Der Grund ist, dass das Ich Angst um sich selbst hat: Es befürchtet, dass dieses »Ich« vergeht, wenn es etwas von dem, was es hat, verliert. Etwas, mit dem es sich identifiziert.

Das Ich ist unser gefühlter Fixpunkt im Leben und kämpft um den Erhalt dieser Position. Mit allen Mitteln. Auch indem es sich der Veränderung verweigert. Es schützt sich und seinen Menschen gegen einen drohenden Ich-Zerfall. Im Grund genommen weiß es nämlich um seine Vergänglichkeit. Aber wenn es eines nicht will, dann ist es, vergänglich zu sein.

Und so empfindet das Ich jede Veränderung als potenzielle Gefahr und ist auf der Hut. Es ignoriert nach besten Kräften diese Erkenntnis der eigenen Vergänglichkeit und alles, was dieser Vergänglichkeit ein Gesicht geben könnte – also die Veränderung. Sein Wunsch: Es soll alles bleiben, wie es ist. Nichts soll verloren gehen. Dann kann das Ich so tun, als würde es selbst für immer so bleiben und niemals vergehen.

Dieses Phänomen kann in Zeiten traumatischer Umbrüche sehr sinnvoll sein, damit der Mensch nicht im Schock kollabiert. Auf Dauer aber hat es dramatische Konsequenzen, sich gegen die Veränderung zu stemmen, im privaten wie im beruflichen Leben.

Dabei ist die Verweigerung gegenüber der Veränderung nicht immer plakativ. Oft findet sie eher subtil ihren Weg: Wenn zum Beispiel Mitarbeiter in Unternehmen die Anzeichen einer Entwicklung einfach wegleugnen – ein Klassiker. Der Vertriebler verschließt die Augen vor der Internationalisierung und der Notwendigkeit, sich für fremde Kulturen und Sprachen zu öffnen. Die Assistentin weigert sich strikt, mit dem neuen Terminplanungstool zu arbeiten, weil sie die Termine ja schließlich bisher auch ohne das Ding gut verwalten konnte, auch wenn nicht jeder Einblick in den Kalender nehmen konnte. Der Manager setzt auf die Führungsmethoden, die sich für ihn die vergangenen 30 Jahre bewährt haben, ohne zu sehen, dass sich die Mitarbeiter geändert haben. Das geht alles eine Weile gut. Doch dann kommt der Zeitpunkt, an dem das Unternehmen diese Vermeidungshaltung nicht mehr toleriert – nicht mehr tolerieren kann. Mit jedem Tag der Verweigerung wächst der Veränderungsdruck. Der Vertriebler, die Assistentin, der Manager verlieren ihren Job.

Außer: Das Unternehmen übt sich kollektiv im Vermeidungsverhalten. Dann verlieren nämlich alle ihren Job, weil das Unternehmen sich nicht mehr am Markt behaupten kann.

Das Ich tut sich also schwer mit Veränderungen. Deshalb rufen diese auch immer Emotionen hervor, und die sind oft negativ: Da kommt Wut, weil das Ich keine Veränderung akzeptieren will und zur Entlastung die Schuld anderen zuschiebt. Da kommt die Verzweiflung, die aus der Angst vor dem Unbekannten, das sich einstellen wird, entsteht. Da kommt Trauer, weil jede Veränderung ganz zwangsläufig mit einem Verlust verbunden ist: Das, was eben war, geht verloren. Unabhängig davon, ob es gut oder schlecht war, allein die Tatsache des Verlustes ist schmerzlich.

Vor den Emotionen können wir die Augen schlechter verschließen als vor den Veränderungen in unserem Blickfeld. Das Ignorieren von Gefühlen erfordert deutlich mehr Aufwand. Also versucht das Ich, diese Emotionen aktiv zu eliminieren: Der Mensch bekämpft die Wut *in* sich durch Wut *auf* sich – mit dem Ergebnis, dass er noch wütender wird. Der Verzweiflung begegnet er mit Joggen, immer länger und immer härter. Oder er futtert Schokolade gegen die Traurigkeit, und zwar tafelweise. Aber das alles hilft nicht: So viel Schoki können Sie gar nicht essen, damit eine tiefe Traurigkeit davon weggeht.

Emotionen lassen sich nicht wegmachen, auch die nicht, die im Rahmen von Veränderungen entstehen. Genauso wenig, wie sich Veränderungen aufhalten lassen. Beides gehört zum Leben untrennbar dazu. *Change is life, life is change.*

In Unternehmen predige ich immer, dass sie Change Management gegen Life Management austauschen sollten: Denn der Prozess der Veränderung wird nie abgeschlossen sein. Organisationen verändern sich genauso wie Bäume: Nichts bleibt. Und mit diesem stetigen Wandel und der damit verbundenen Unsicherheit gilt es, sicher zu werden. Das ist das ganze Geheimnis.

Es geht darum zu lernen, sich trotz des Strebens nach Beständigkeit und Sicherheit der neuen Erfahrung jedes Moments hinzugeben. Denn von Moment zu Moment geschieht Veränderung, das ist das Leben. Und wenn Sie sich dem hingeben, können Sie sich auch der Erfahrung öffnen.

Denn dann sind Sie die Welle. Die Welle der Veränderung in Ihrem eigenen Ozean. Sie fließen mit ihr und in ihr, denn die Welle ist nichts Fremdes. Im Gegenteil: Sie sind die Welle. Genauso wie Sie der Ozean sind. Alles ist eins: das Alte, das Neue, es geht harmonisch ineinander über.

You are the ocean viewing its own waves.

Das, was Ihnen bei diesem harmonischen Schwimmen immer wieder in den Weg kommen wird, ist Ihr Glauben: »Wenn sich die Dinge verändern, werden sie schlechter.« Dieser Glaubenssatz wird genährt durch die Traurigkeit, die mit jeder Veränderung verbunden ist.

Zwei mögliche Reflexe stellen sich regelmäßig zur Abwehr der Traurigkeit und auch der anderen Emotionen, die mit der Veränderung kommen, ein: auf der einen Seite die

Unterdrückung der Emotion, auf der anderen Seite das Verhaften darin. Beides hilft nicht weiter. Das, was hilft, ist die Akzeptanz der Emotion: sie anzunehmen, wenn sie kommt. Gerne auch mithilfe von ein bisschen Schokolade. Und die Emotion gehen zu lassen, wenn Sie damit fertig sind.

Wer in der Emotion stecken bleibt, stemmt sich gegen die Wucht der Welle aus Veränderungen, anstatt mit ihr zu schwimmen. Deshalb wird sie ihn nicht mitnehmen, sondern überrollen.

39. Körper

Mit Ihrem Körper gibt es ein dickes Problem! Oder zumindest mit Ihrer Einstellung zum Körper. Hier, in der sogenannten westlichen Zivilisation, pendelt die nämlich zwischen zwei Extremen.

Die Kirche behauptet: Der Leib ist nur eine sterbliche Hülle, er muss durch Askese überwunden werden auf dem Weg in das ewige Leben. Deswegen ist er nicht wichtig, sondern nur eine Ablenkung vom Wesentlichen. Und dann noch die sündige Lust, die sich so schwer kontrollieren lässt! Die macht den Körper sogar zum Werkzeug des Teufels.

Das ist nicht nur das Mantra der Kirche, der Körper ist auch der gesamten abendländischen Philosophie zutiefst suspekt. Im kollektiven Unterbewusstsein ist daraus eine große Leibfeindlichkeit entstanden. Die steckt auch tief in Ihnen drin, egal, ob Sie in die Kirche gehen oder nicht.

Und diese Leibfeindlichkeit ist auch der Grund, warum so viele Menschen so schlecht mit Ihrem Körper umgehen.

Falls Sie einer von ihnen sind, wissen Sie, was ich meine: Kaffee morgens zum Hochpushen. Tagsüber Konferenzkekse. Rotwein abends zum Runterkommen. Und feistes Essen mit Belohnungskohlehydraten. Natürlich ganz kultiviert. Ganz edel. Nicht irgendein Rotwein. Nicht irgendein Steak. Wenn Sie den ganzen Tag nur geackert und Ihre körperlichen Bedürfnisse vernachlässigt haben, wollen Sie es sich abends richtig gut gehen lassen. Und vernachlässigen damit Ihren Körper erst recht.

Das Gegenteil davon sind die Menschen, die sich mit ihrem Körper eine Ersatzreligion aufbauen. Wenn Sie zu denen gehören, sagen Sie: Leibfeindlichkeit ist der größte Mist. Mein Körper ist alles! Sie pushen ihn zur ultimativen Höchstleistung.

Ihr Mantra ist: Höher, schneller, weiter!

Nach dem langen Bürotag machen Sie noch mindestens eine Stunde Sport, Marathon, Triathlon … Eine Höchstleistungsorgie, streng kontrolliert von Ihrer Apple Watch! Jeder Schritt wird gezählt! Ihr Körper ist eine Maschine, die Sie immer weiter hochtunen. Ein Optimierungsobjekt.

Und warum das alles? Weil Sie sich total mit Ihrem Körper identifizieren. Weil Sie denken: Ich bin mein Körper!

Stopp! Das ist ein Irrtum. Allerdings ein sehr naheliegender Irrtum, denn die Identifikation mit dem eigenen Körper ist einer der stärksten Haltepunkte des Menschen.

Der Körper ist das Medium, durch das wir die Welt erleben. Durch ihn treten wir in Kontakt und interagieren. Um überhaupt präsent zu sein, muss der Mensch seinen Körper spüren. Deswegen ist auch die Vorstellung, zu sterben und den Körper zu verlassen, sehr unangenehm.

Aber nur weil der Mensch den Körper braucht, um überhaupt etwas wahrzunehmen, bedeutet es nicht, dass der Mensch sein Körper ist. Um einen Tee zu kochen, brauchen Sie auch eine Kanne. Aber Sie kämen wohl kaum auf die Idee, der Tee sei die Kanne.

Machen Sie sich klar:

Sie sind nicht Ihr Körper!

Der Mensch bewohnt seinen Körper nur für eine gewisse Zeit, und dann verlässt er ihn wieder. Der Körper ist nicht das Wichtigste – aber er ist auch alles andere als unwichtig. Darum sollten Sie sich darin so gut wie möglich einrichten.

Einer meiner tibetischen Lehrer hat mir einmal gesagt:

Imagine the body as a hotel!
You should choose a five star hotel!

Wer will schon in einer schäbigen Absteige wohnen! Und eine zertrümmerte Hotelzimmereinrichtung war auch für die Rolling Stones immer nur eine Nacht lang erträglich. Ein gutes Hotelzimmer will pfleglich behandelt werden. Das heißt also für Sie: Seien Sie nett zu Ihrem Körper! Gehen Sie vernünftig mit ihm um!

Aber machen Sie eben andererseits auch keinen Kult daraus und verwechseln Sie Ihren Körper nicht mit Ihrem Ich. Meiden Sie die Extreme, machen Sie's wie Buddha, gehen Sie den mittleren Weg.

Der mittlere Weg, das heißt: *Take care of your body!*

Dafür brauchen Sie keinen Extremsport, es reichen ein paar ganz einfache Dinge:

Machen Sie Sport!

Essen Sie etwas Vernünftiges!

Achten Sie auf genug Schlaf!

Mehr ist gar nicht nötig – aber auch nicht weniger! Seien Sie dankbar für Ihren Körper und behandeln Sie ihn gut. Und trainieren Sie. Trainieren Sie *für* ihn, und nicht *gegen* ihn.

Wenn Sie sich in den Körperkult hineinsteigern, dann sind Sie schnell gegen alles: gegen Ihren Körper, gegen die Uhr, gegen andere. Wenn Sie stattdessen entspannter mit Ihrem Körper umgehen, dann treiben Sie ebenfalls Sport, aber Sie hören in Ihren Körper hinein und sagen sich auch mal: Hey, heute mache ich lieber eine gemütliche Einheit. Ich kann meinem Körper auch mal eine Erholung gönnen. Ich weiß, was mir guttut.

Ich kann Ihnen so locker von den beiden Extremen und dem mittleren Weg erzählen, weil ich alle drei Varianten gelebt habe. Lange Zeit habe ich extremen Ausdauersport gemacht. Da habe ich mich total reingesteigert. Als Finisher geht es dir göttlich! Was für ein großartiges Gefühl! Aber es hat eben Grenzen. Ich war übertrainiert, wurde permanent krank, mein Körper streikte, verweigerte sich.

Und es gab auch Zeiten in meinem Leben, in denen ich gearbeitet habe wie ein Tier. 14 Stunden pro Tag, darunter ging es nicht. Nach einiger Zeit habe ich meinen Körper gar nicht mehr wahrgenommen und habe zu den üblichen Mitteln gegriffen: morgens viel Kaffee zum Aufputschen, abends extrem viel Alkohol zum Entspannen …

Zu viel gearbeitet, zu viel gefressen, zu viel getrunken, zu viel zugenommen, zu wenig geschlafen, zu wenig bewegt – der ganz normale Wahnsinn!

Heute schaffe ich es auf dem mittleren Weg ganz gut. Ich mache meinen Sport regelmäßig, ich bin gut trainiert. Für andere wäre das schon ein bisschen zu viel, was ich da mache. Aber immer wieder höre ich auch in mich hinein und sage mir: Heute laufe ich aus Spaß an der Freude lediglich fünf Kilometer, und die trabe ich auch nur. Ich schaue einfach, was meinem Körper guttut und was nicht.

Das können Sie auch. Locker! Vorausgesetzt, Sie machen sich bewusst, was für Sie gut ist und was Ihnen schadet. Und Sie tappen nicht blindlings in die Belohnungsfalle.

Mit der Belohnung ist das nämlich eine gefährliche Sache. Jeder Mensch hat sein eigenes unbewusstes Belohnungssystem. Nach dem Motto:

Der Tag war lang und hart,
und jetzt habe ich mir etwas verdient.

Das ist ja an sich völlig okay. Aber die meisten Menschen belohnen sich dann mit Dingen und Tätigkeiten, die eher schädlich für sie sind.

Es ist immer wieder frappierend, wenn ich in der Vielfliegerlounge der Lufthansa sitze und die anderen Gäste beobachte. Wenn die abends hereinkommen, die Herren Senatoren – wirken sie wie erschöpfte Krieger nach den Schlachten des Tages. Direkt von den Meetings kommend, in der Wartezeit auf die Maschine nach Hause, steuern sie fast alle direkt den Wein oder das Bier an. Und dazu diese Bockwurst, von der Sie gar nicht wissen wollen, wo sie herkommt! Und am Schluss gibt's dazu noch irgendwelche Süßigkeiten. Nach meinen Beobachtungen machen es 90 Prozent der Menschen so. Und es ist ihnen gar nicht bewusst, dass sie sich objektiv nicht belohnen, sondern bestrafen. Mit etwas, was dem Körper auf Dauer schadet. Kaputt macht!

An solchen Abenden, wenn der Tag sehr anstrengend war, frage ich meinen Körper: Was willst du? Dann sagt er oft: Ich will schlafen. Und dann mache ich das. Ich lege mich ins Bett. Und schlafe. Ohne schlechtes Gewissen.

40. Krankheit

Warum ausgerechnet *ich*? Das ist *die* große Frage der Menschen, die auf einmal schwer krank sind. Sie hadern mit der Situation, zweifeln an sich, fragen nach dem Sinn. Vor allem aber suchen sie eine Erklärung – einen Grund dafür, dass gerade ihnen so etwas passiert.

Sie suchen nach Zusammenhängen zwischen Körper, Geist und Seele und plagen sich mit Schuldgefühlen. Was habe ich übersehen? Was habe ich nicht erkannt? Wo war ich nicht gut genug? Insbesondere reflektierte Menschen, die bereits einen gewissen Grad an Bewusstheit erreicht haben, tappen leicht in die Falle, sich für die eigene Krankheit zu verurteilen. Oder sich mit der Frage zu quälen, was denn wohl schiefgelaufen ist in ihrem Leben.

Natürlich ist an psychisch verursachten Krankheitsbildern viel Wahres dran. Unzufriedenheit im Job, die Überforderung in der Familie, der Verlust eines geliebten Menschen – all diese Faktoren können tatsächlich dazu führen, dass der Körper erkrankt. Und zwar richtig, bis hin zu Krebs. Der Blick hinter die körperlichen Kulissen, auf den seelischen Stress, ist also vollkommen berechtigt. Aber längst nicht jede Krankheit ist psychosomatisch bedingt – nach dem Motto: »Du bist krank, weil du mit deiner Psyche etwas falsch gemacht hast.«

Ja, jeder Mensch trägt Verantwortung für sein Leben. Wie achtsam er mit sich und seinem Körper umgeht, hat einen wesentlichen Einfluss darauf, in welcher gesundheitlichen Verfassung er sich befindet. Doch diese Eigenverantwortung hat Grenzen. Das ist vergleichbar mit der Saat, die der Bauer über sein Feld streut. Er kann nach bestem Wissen gute Bedingungen für sein Getreide schaffen. Aber eine Garantie für eine reiche Ernte hat er damit nicht.

Ob die Saat wirklich aufgeht, hängt nicht nur von der Pflege und der Qualität der Saat ab, sondern auch von den vielen anderen Faktoren, die er schlichtweg nicht beeinflussen kann. Gegen die Natur ist er machtlos. Ein heißer Sommer oder flutartige Niederschläge können seine Ernte, trotz liebevoller Fürsorge, zerstören.

Und so ist es auch mit der Krankheit. Sie passiert einfach. Und manchmal passiert sie trotz aller Achtsamkeit. Krankheit gehört zum Leben dazu – genauso wie Geburt und Tod. Zu ergründen, was Sie getan haben, das Ihnen nicht gutgetan hat, ist okay! Aber die alleinige Schuld bei sich zu suchen und sich damit fertigzumachen, ist Irrsinn und völlig unnötig.

Der Krebs erwählt niemanden. Krankheit ist kein persönlicher Angriff. Wenn Sie sich ständig selbst infrage stellen, dann ist das Selbstentwertung.

Selbstentwertung ist die Hölle, durch die fast alle Menschen, die schwer krank sind, gehen. Damit wird die Krankheit zu einem unerträglichen Leid. Doch die Hölle ist nicht die Krankheit selbst, sondern die Sicht auf die Krankheit. Damit sage ich nicht, dass Sie nicht trotzdem Schmerzen haben. Der Schmerz ist da, aber Sie sind nicht der Schmerz, Sie sind nicht Ihr Körper!

Sobald wir auf die Welt kommen, identifizieren wir uns mit dem Körper. Wir erleben alles durch ihn hindurch. Der Köper ist der Ort, an dem der Mensch sich selbst lokalisiert.

Nur weil wir im Körper sind, können wir sagen: »Hier bin ich!« Diese Identifikation erfolgt dank der Funktionsfähigkeit des Körpers und der Sinnesorgane. Wir fühlen, sehen, hören, riechen, schmecken durch ihn hindurch. Unser Körper befähigt uns zu laufen, zu springen, zu tanzen.

Wenn Betroffene »nicht mehr können«, dann fehlt genau diese Identifikation. Die Krankheit wirft sie raus aus Ihrem Körper und damit aus Ihrem Selbst. Plötzlich entsteht Leere – Wurzeln, die eben noch Halt gaben, sind gekappt. »Wer bin ich, wenn ich nicht mehr essen, singen oder schreiben kann?« Diese Frage steht bedrohlich im Raum. Es scheint, als verlöre das Leben seinen Sinn.

Diese Art der Wahrnehmung ist nachvollziehbar, aber schädlich. Denn sie erschwert es, die Krankheit als das zu nehmen, was sie ist: eine Erfahrung.

Stellen Sie sich vor, Sie brettern mit dem Motorrad über einen Pass. Sie legen sich athletisch in die Kurven und genießen, wie gekonnt Sie diese Strecke meistern. Es ist faszinierend zu spüren, wie wunderbar Ihr Körper funktioniert. Und doch ist es nur eine Erfahrung.

Schwenk. Ihr Körper verweigert den Dienst, jede Bewegung fällt schwer, Sie können nicht mehr allein duschen. Erschreckend, wie Ihr Körper sich auflöst. Auch das ist nur eine Erfahrung, wenn auch eine gänzlich andere.

Machen Sie sich bewusst: Beide Erfahrungen haben nur etwas mit Ihrem Körper, nichts aber mit Ihrer Identität zu tun! Der Körper wird schwächer, nicht aber Ihr Geist! Wer diese Tatsache verinnerlicht hat, kann in der Krankheit etwas ganz Wichtiges über sich lernen:

Krankheit ist die Chance, zu erfahren,
wer Sie sind!

Über die Identifikation mit dem Körper ist die Krankheit in der Lage, wichtige Aspekte des Ichs massiv zu erschüttern. Attribute wie »Ich bin schön«, »Ich bin stark« oder auch »Ich habe alles im Griff« verlieren ihre bisherige Gültigkeit.

Diese massive Erschütterung ängstigt. Sie ängstigt extrem. Und das ist vollkommen okay. Es ist wichtig, diese Angst anzunehmen und durch sie hindurchzugehen. Denn erst durch ihre Verarbeitung besteht die Möglichkeit, sich zu öffnen – bereit zu sein für etwas Neues. Indem die Krankheit die Identifikation aus den Angeln hebt und damit eine Bresche schlägt, erzeugt sie nicht nur Schmerz und Angst, sondern sie bietet auch die Chance, diese Bresche neu zu füllen.

Eine Unternehmensberaterin und gute Freundin hat genau diese Lücke besonders hart zu spüren bekommen. Sie war extrem erfolgreich und hoch attraktiv. Die junge Frau war es gewohnt, täglich Komplimente für ihr Aussehen zu bekommen. Mit einem leichten Hang zur Arroganz ging sie unbarmherzig mit Leuten um, die nicht so attraktiv und nicht so erfolgreich waren wie sie. Für sie lief jedenfalls alles grandios. Bis sie eines Tages kam, die knallharte Diagnose: Brustkrebs.

Sie verlor beide Brüste.

In ihren Augen brach damit eine Welt zusammen. Ihre Attraktivität, auf die sich Ihr Ego so stark gestützt hatte, war aus ihrer Sicht plötzlich zerstört. Von einem Moment auf den anderen hatte sie nichts mehr im Griff. Sie fühlte sich ihrer gewohnten Ausstrahlung beraubt. Wer sollte sich denn jetzt noch nach ihr umdrehen?

Diese Frau ist durch die Hölle gegangen. Sie hat Schmerz, Selbstzweifel und Schuldgefühle durchlebt. Immer mit dieser unbarmherzigen Frage im Kopf: »Warum ich?«

Doch sie hat es geschafft. Sie hat die Möglichkeiten gesehen, die sich boten, indem sie lernte, das Leben hinter den vordergründigen Attributen wahrzunehmen. Heute ist sie eine andere Frau.

Sie macht noch immer den gleichen Job und ist nach wie vor sehr erfolgreich. Doch sie macht ihn anders. Entspannter. Sie sieht blendend aus, ihr Gesicht ist viel weicher geworden. Viel schöner. Jegliche Arroganz und Unbarmherzigkeit sind verschwunden. Durch ihre Krankheit hat sie zwar ihre Brüste verloren, doch dafür hat sie etwas sehr Wertvolles gewonnen: den Zugang zu ihrem Herzen! Sie hat erkannt, dass ihre innere Schönheit viel wichtiger für ihre Identität ist als äußere Attribute.

Wenn Sie die Lücke, die die Krankheit reißt, füllen, dann geht es niemals darum, ein neues oder ein weiteres Ich zu finden! Nein, es geht vielmehr darum, Ihre Grenzen zu überwinden. Sie haben viel mehr Potenzial, als Sie sich durch Ihre Identifikationen zugestehen. Sie sind mehr als nur Ihr Körper! Und wenn Sie aufhören, sich mit Ihrem Körper zu identifizieren, dann haben Sie Zugang zu der wirklichen Fülle Ihres Potenzials.

Natürlich können auch gesunde Menschen diesen Zugang erlangen, wie zum Beispiel durch Meditation. Aber ohne Beweggrund tun sich die meisten schwer damit. Meine Freundin hatte vor ihrer Brustkrebsdiagnose keinen Anreiz, hinter ihr Ich zu schauen. Schwerkranke sind da klar im Vorteil: Da ihr Körper nicht mehr funktioniert, sind sie gezwungen, sich aus dieser Identifikation zu lösen – wenn sie dem Leid entkommen wollen.

Indem die Krankheit die bisherige Identität infrage stellt, hat der Betroffene die Chance, das Korsett seiner Identität vollends aufzubrechen und noch viel, viel mehr Facetten in sich zu entdecken. Die Entwicklungen, die Menschen nach schweren Schicksalsschlägen gemacht haben, zeigen immer wieder, welche Reichtümer daraus erwachsen können.

Jeder kann krank werden, auch sterbenskrank. Doch wem klar geworden ist, dass all seine Identifikationen letztlich Illusion sind, der nimmt Krankheit anders an. Der kann sagen: »*Wow! This is new. I'm curious, what's opening up right now? What's right here, right now? Let's inquire into that ...!*«

Jede Krankheit ist eine Riesenchance zu einer neuen Selbsterfahrung:

Forschen Sie nach! Wer sind Sie noch – jenseits des Tuns, des Könnens und des Funktionierens?

Warten Sie damit nicht, bis sie krank werden.

41. Macht

Da haben wir Deutschen ganz schön eins mitbekommen. Der Begriff Macht löst bei uns manchmal einen gedanklichen Würgereiz aus. Macht – das klingt nach Drangsalierer und autoritärer Diktatur, nach Idi Amin und Wladimir Putin, nach von oben kommender, vielleicht sogar willkürlicher Strafinstanz. Macht ist für uns zum Igitt-Wort geworden.

Dabei ist Macht an sich nichts Schlechtes: Der scheinbar so friedvolle und machtlose Mahatma Gandhi war definitiv einer der mächtigsten Menschen des 20. Jahrhunderts. Auch der Dalai Lama und der Papst sind mächtige Personen – ganz ohne Waffenarsenal und Geheimdienst im

Hintergrund. Das heißt, Macht selbst ist wertneutral – die Frage ist, wie Sie sie einsetzen.

Eines steht jedenfalls fest: Ohne Macht geht gar nichts, ohne sie können Sie rein gar nichts bewegen. Einige wollen es nicht hören, aber zur Gestaltung brauchen Sie immer Macht – im Großen wie im Kleinen. Sobald Sie Menschen dazu bewegen wollen, gemeinsam etwas zu schaffen, brauchen Sie Macht.

Stellen Sie sich zum Beispiel vor, Sie wollen verhindern, dass die einzige Wiese in Ihrem Viertel zu einem Parkplatz umgebaut wird. Wenn Sie die Einzige sind, die sich dagegen wehren will, werden Sie mit Ihrem Protest nicht weit kommen. Warum? Weil Sie nur eine einzelne Wählerin sind. Die Macht für diese Entscheidung hat aber ein Gremium aus Parteibuch-Besitzern in der Kommunalpolitik. Die hängen nicht von Ihrer einen Stimme ab, und wenn Sie noch so laut schreien.

Heißt das, dass Sie ohnmächtig sind? Nein, das heißt es nicht. Wenn Sie in der Lage sind, Unterstützer zu gewinnen, dann ändern sich die Verhältnisse. Wenn es Ihnen gelingt, viele aus Ihrem Viertel oder Wahlbezirk auf Ihre Seite zu ziehen und wenn Sie dann gemeinsam mit denen die Stimme erheben: Dann wird das, was Sie sagen, auf einmal relevant. Denn wo viele Wählerstimmen einer Meinung sind, liegt in der Demokratie die Macht. Und das wissen auch die Lokalpolitiker: Sie beugen sich der Mehrheit Ihrer Wähler und erhalten Ihre geliebte Wiese. So können Sie gestalten. So werden Sie wirkungsvoll.

Sie können auf unterschiedliche Weise an diese Macht kommen: Vielleicht führen Sie das Wort überzeugend oder Sie haben eine charismatische Ausstrahlung. Egal, wie Sie es machen: Sobald Sie die Menschen davon überzeugen, bei Ihrem Anliegen mitzumachen, haben Sie Macht. Und können etwas bewegen.

Macht geht also nicht von vorneherein von Institutionen und Ämtern aus: Macht entsteht überall da, wo genügend Menschen mit den entsprechenden Mitteln sich einer Idee anschließen.

Denken Sie an die Menschen, die 1989 für Freiheit demonstriert haben. Jeden Montag gingen die Menschen in Dresden, Leipzig und anderen ostdeutschen Städten auf die Straße, am Ende waren es mehrere 100 000! Die waren so mächtig in ihrer Machtlosigkeit, dass sie die Mächtigen in die Knie gezwungen haben. Das war Deutschlands einzige gelungene Revolution!

In solchen Situationen kehren sich die scheinbaren Machtverhältnisse um. Und das ist keine so ungewöhnliche Konstellation, wie es auf den ersten Blick scheinen mag. Dafür brauchen Sie nicht in Geschichtsbücher schauen: Werfen Sie einfach einen Blick in die tägliche Führungsarbeit eines x-beliebigen Unternehmens.

Jeder Abteilungsleiter hat durch seine Position Macht. Hier Chef, da Untergebener. Der eine hat die Macht, dem anderen Aufgaben zu übertragen, ihn zur Leistung anzuhalten, sich ein Urteil über ihn zu erlauben und ihm vielleicht sogar den Arbeitsplatz zu entziehen. Der andere hat Anweisungen entgegenzunehmen, die vorgegebenen Regeln einzuhalten, sich führen zu lassen und gehorsam zu sein.

Doch was passiert, wenn die Untergebenen nicht mitspielen? Wenn sie sich nicht führen lassen wollen und die Umsätze entgegen aller Zielvorgaben krachend in den Keller gehen? Wenn sich die Untergebenen reihenweise krankschreiben lassen und den verpassten Unternehmenschancen mit einem Schulterzucken begegnen? Wer steht dann dumm da?

Vielleicht verliert der eine oder andere Mitarbeiter so wirklich seinen Job. Ganz bestimmt aber ist es um den Job der Führungskraft geschehen! Wenn keiner mitzieht, dann steht der Abteilungsleiter trotz seiner hierarchischen Hoheit auf verlorenem Posten.

Und mit jeder Hierarchiestufe wird die Abhängigkeit größer. Dann sind es nicht mehr zehn, sondern vielleicht 30, 100, 1000 oder 10 000 Mitarbeiter, ohne deren Engagement der Unternehmenserfolg dahin ist. Und je größer der verantwortete Bereich, desto weniger ist die Führungskraft in der Lage, den Erfolg aus eigener Kraft zu stemmen. Was für eine Macht aufseiten der Mitarbeiter! Genau das ist das Paradoxon der Macht:

Immer mehr Macht macht immer machtloser.

Das trifft jedenfalls für Macht zu, die nicht klug ausgeübt wird. Und das kann leicht passieren. Denn Macht verändert den Menschen. Macht korrumpiert auch.

Deshalb braucht Macht immer ein Korrektiv, ein System aus *Checks and Balances.* Je größer und länger die Macht währt, desto dringender. Das gilt für Macht im politischen Bereich wie im Unternehmen. Wer hinterfragt denjenigen, der jeden Tag sagt: »Da geht es lang!«? Die Gefahr der nicht klug ausgeführten Macht steigt aber nicht nur mit der Fülle und der Dauer der Machtausübung. Sie lauert besonders dort, wo das Bewusstsein für die eigene Macht fehlt. Wo sich die eigene Macht im blinden Fleck abspielt.

Meine Bekannte Margarete zum Beispiel ist Kindergärtnerin. Sie ist eine Seele von Mensch, mächtige Menschen sind ihr von Haus aus suspekt. Sie ist überzeugt: Da kann doch nichts als Eigennutz dahinterstecken. Dabei hat Margarete Macht. Sie übt ihre Macht sogar in einem hochsensiblen Bereich aus: bei ihrer Kindergartengruppe. Wenn der Philip, der immer so laut ist und beim Malen in seiner Begeisterung immer über das Blatt hinaus schmiert, zu ihr kommt, dann wird sie zum Eisschrank: Kein Lächeln, kein aufmunterndes Tätscheln hat sie für ihn übrig. Und weil er sich jeden Tag so gar nicht wie ein braver Junge benimmt, begrüßt sie ihn schon morgens mit einem Rüffel. Er kann ihr nichts recht machen, sie weiß einfach schon von vorneherein: Was er macht, ist falsch. Manchmal schüttelt sie im Stillen den Kopf und denkt sich: »Aus dem kann ja nichts werden.«

Und weil sie nicht weiß, wie groß die Macht ihrer Gedanken ist, wird sie sie nicht kritisch hinterfragen. Der kleine Philip wird sich tief einprägen: »Ich kann ihr eh nichts recht machen.« Deshalb nenne ich die unbewusst ausgeübte Macht die gefährlichste von allen, weil sie unkontrolliert bleibt.

Etwas anderes ist es, wenn Macht willentlich missbraucht wird. Das passiert dann, wenn jemand sich seiner Macht sehr wohl bewusst ist und sie in böswilliger Absicht einsetzt. Derjenige hat das selbstkritische Hinterfragen ausgehebelt, da hilft nur noch ein Korrektiv von außen. Eine Art Aufsicht – eine externe Macht, ein Dispositiv, das die Macht reguliert und im Notfall für ihren Entzug sorgen kann.

Bei den Jesuiten gibt es – ganz unüblich für geistliche Organisationen – etwas sehr Sympathisches: Wenn dort jemand ein Führungsamt übernimmt, bekommt er es nur auf eine gewisse Dauer zugeteilt. Ist die Zeit um, tritt derjenige automatisch zurück ins Glied. Dadurch sorgen sie dafür, dass der Machtträger verantwortungsvoll damit umgeht: Tut er das nicht, hat er mit unangenehmen Konsequenzen zu rechnen, wenn er wieder als einfacher Ordensbruder mitten unter allen anderen lebt.

Und auch die meisten Demokratien verleihen Macht nur für eine begrenzte Zeit. Und das ist gut so. Nur manche deutsche Kanzler – die amtieren ewig …

42. Langeweile

Stellen Sie sich vor, in einem Linienflugzeug sitzt ein Mann. Er liest nicht, der schreibt keine Mails, der schläft nicht, der hört auch keine Musik. Keine Kopfhörer. Keine Unterhaltung. Nichts. Der sitzt nur da. Vom Start in München bis zur Landung in Hamburg sitzt der nur da.

Das Kind in der Reihe davor ist auf dem Sitz geklettert und hat den Mann eine Weile still beobachtet. Doch jetzt wird es unruhig und fragt ihn laut: »Was machst du?«

Er schaut das Kind lächelnd an und sagt: »Nichts.«

»Aha«, sagt das Kind und macht große Augen: »Ist dir gar nicht langweilig dabei?«

»Doch«, sagt der Mann.

»Und warum machst du dann nichts?«, fragt das Kind.

»Weil ich es schön finde, dass mir langweilig ist«, antwortet der Mann.

Mit einem befriedigten »Ach so!« lässt sich das Kind auf seinen Sitz plumpsen. Dafür machen jetzt die umsitzenden Erwachsenen große Augen.

***

Es wirkt auf uns befremdlich, wenn jemand einfach nichts tut. Ich meine, gar nichts. Und das nicht nur für einen kurzen Moment, sondern minuten- oder gar stundenlang. Noch nicht mal in Gedanken den nächsten Termin durchgehen. Sondern einfach so: eine lange Weile haben.

Wir selbst schrecken nämlich davor zurück. Denn Langeweile ist für uns ein Horrorzustand: auf die U-Bahn warten? Schnell das Smartphone, das neue Opium fürs Volk, rausziehen und Nachrichten checken. Kein Netz? Mist. Dann wenigstens den Kalender durchgehen. Kein Akku mehr? Panik … es gibt nichts zu tun! Dann muss halt doch die Werbung auf dem großen Bildschirm als Pausenfüller herhalten. Oder der Tagtraum von den Freuden im nächsten Urlaub. Nur keine Langeweile aufkommen lassen.

Aber warum ist das so? Weil Ihr Geist an ständige Stimulation gewöhnt ist. Er ist nämlich eine faule Socke: Er hat keine Lust, sich mit sich selbst zu unterhalten. Er will Action. Sonst rebelliert er. Da wird er wirklich unangenehm. Und das fühlt sich erst mal nicht gut an.

Also was tun Sie, wenn das Nichts droht? Sie starten den Gegenangriff. Eng getaktete Termine und übervolle To-do-Listen sorgen dafür, dass Leere gar nicht erst entsteht. Ein vollgepackter Tag ist gelebter Selbstschutz vor der Langeweile.

Der Selbstschutz hat sich inzwischen sogar Verstärkung geholt – in Form von gesellschaftlicher Erwartung. Die honoriert nämlich Aktivität mit Anerkennung. Je größer das Engagement, desto wertvoller der Mensch. So steht jeder Einzelne unter dem Druck, dauernd aktiv zu sein. Nichts vorzuhaben gilt als Makel: »Wie? Sie haben heute nichts zu tun? Sind Sie krank?«

Es ist verpönt zu sagen, dass man gar nicht weiß, was man mit seiner Zeit anfangen soll. Dass man sich langweilt und das womöglich sogar gerne …

So jemand hat in den Augen seiner Mitmenschen keine Aufgabe, keine Ziele, keine Kreativität, kann nix – so einer ist der Gesellschaft in keiner Weise nützlich. Ein Loser halt. Und wer will schon zugeben, dass er ein Loser ist?

Keiner! Also geben sich alle beschäftigt. Sich Zeit zu nehmen für sich in all dem Trubel kann man ja noch in Ordnung finden, aber Zeit für das Nichts-Tun? Reine Zeitverschwendung.

Und genau da liegt der Fehler: Absichtliches Nichts-Tun ist eine der bereicherndsten Tätigkeiten, die ich kenne.

Ich treffe mich in einer kleinen Bar mit meinem guten Freund Frieder. Er war Investmentbroker in einem der ganz großen deutschen Finanzhäuser. Bis zu seinem Zusammenbruch.

Nach der Burnout-Diagnose hat er eine Zeit lang gar nichts gemacht. Also wirklich nichts: kein Urlaub, keine Therapie, kein Hobby. Einfach nichts.

»Das war eine harte Zeit«, erzählt er und schaut über meine Schulter hinweg in die schwarze Nacht vor dem Fenster. »Ich habe so was wie Zeit-Haben seit Jahren nicht mehr gekannt. Ich war immer beschäftigt gewesen, rund um die Uhr.«

Ich nicke. Ich weiß, dass Frieder täglich bis zu 15 Stunden im Büro mit Aktien jongliert hatte.

»Und am Anfang kam ich mir so wertlos vor: Ich, als Mann in den besten Jahren, sitze da und tue nichts. Es hat mir fast körperlich wehgetan, dieses Gefühl. Und die Langeweile erst. Aber ich konnte einfach nicht. Ich war wie ein

Junkie auf Entzug: Der Burnout hatte mir meine Droge entzogen. Und ich litt.«

»Und? Bist du heute clean?«, frage ich vorsichtig.

Er richtet seinen Blick und lacht. So ein Strahlen habe ich seit Ewigkeiten nicht mehr in seinen Augen gesehen. Er sagt: »Und wie! Und ich werde es auch bleiben.«

So wie er es sagt, glaube ich es ihm sofort: leicht, entspannt, glücklich.

»Wie schaffst du das? Du arbeitest doch wieder …«, frage ich neugierig.

»Als ich durch die Langeweile durch war, hat es sich wie von allein herauskristallisiert: Heute erledige ich genau eine Sache pro Tag. Nur eine. Ich schaffe, was ich schaffe. Und was ich nicht schaffe, schaffe ich nicht.«

Er bemerkt mein ungläubiges Lächeln und sagt: »Eins – das klingt wenig, das ist mir klar. Aber weißt du was? Ich schaffe auf diese Weise sogar mehr als vorher. Weil ich mich so viel besser auf die Dinge konzentrieren kann, die mir wirklich wichtig sind.«

Er legt seine Hand auf meine und sagt eindringlich: »Nicholas, heute bin ich ganz sicher: Das Nichts-Tun war das Beste, was mir passieren konnte. Langeweile war die Rettung.«

Aus dem Nichts-Tun entsteht nicht nur Entspannung und Bereitschaft für Neues, es ebnet auch den Weg für etwas, das heute kaum noch wertgeschätzt wird: für die Muße. Während die Denker in der Antike der schöpferischen Muße noch einen Ehrenplatz zuwiesen, hat sie spätestens der Protestantismus vom Thron gestoßen. Stattdessen hat er Beruf und Arbeit zum Idol gemacht und jeden Müßiggang verurteilt – auch ein Grund dafür, warum Muße heute keinen Stellenwert mehr in unserer Gesellschaft hat.

Dabei ist die Muße der Nährboden für Kreativität, für klare Gedanken und neue Kraft. Muße ist nicht zu verwechseln mit der kurzen Pause zwischen zwei Terminen, in der Sie mal die Füße hochlegen und die Augen schließen. Muße bedeutet vielmehr, sich aus dem eng geknüpften Netz der Termine und Verpflichtungen zu befreien, um sich einlassen zu können. Einlassen zu können auf das Nichts-Tun.

Zugegeben: Zeit zu haben, nichts zu tun, sich ohne Diktat dem Moment hinzugeben ist purer Luxus. Niemand steuert. Niemand mahnt zur Eile. Niemand reicht eine Info rein. Niemand kündigt den nächsten Termin an.

Sie meditieren nicht. Sie machen kein Autogenes Training. Auch kein Yoga. Sie tun nichts! Wie die Katze auf dem Sofa.

Wer sich diesen Luxus gönnt, wird nicht ärmer, sondern reicher.

Um Muße zu empfinden, müssen Sie nicht ins Kloster gehen. Sie können sich hier und heute auf die Langeweile einlassen: Smartphone aus, Laptop aus, Fernseher aus, Radio aus. Und schon spüren Sie, wie sie herankriecht: die Langeweile und das Craving Ihres Geistes, der schreit: *Entertain me. Now!*

Da heißt es durchhalten. Es ist möglich, die Wand der Langeweile zu durchbrechen: nicht durch Tun, das wäre genau das Falsche. Sondern durch Nichts-Tun. Das Durchhalten lohnt sich, denn hinter der Wand wartet die Belohnung. Dort finden Sie Muße.

Die aufregendsten Abenteuer sind nämlich nicht Bungee Jumping oder Wingsuit-Sprünge. Langeweile ist der ultimative Stretch.

DAMPF

43. Sport

Samstagabend, 18.30 Uhr in der Sportsbar. Es läuft das Spitzenspiel. Die Spieler auf dem Rasen geben alles: Sie fighten und rennen, dribbeln und treten, schwitzen und spucken. Sport total!

Die Zuschauer vor dem Bildschirm geben auch alles. Sie fiebern und johlen, diskutieren und analysieren, trinken ein Pils nach dem anderen und verputzen fleißig Schnitzel mit Pommes.

Sport total? Nee – andere für sich bewegen zu lassen, dabei ungesundes Zeug zu futtern und Alkohol zu trinken, ist für mich ziemlich bizarr.

Sport verkommt heute zum reinen Entertainment. Obwohl der menschliche Körper dafür gemacht ist, sich täglich zu bewegen, hat sich unsere Gesellschaft mehrheitlich davon abgewandt. Da gibt es maximal noch den Gang zum Auto oder den Weg zum Kopierer. Der Großteil der Bevölkerung bewegt sich einfach viel zu wenig. Dass das dem Körper schadet, ist offensichtlich. Da muss ich nur zehn Minuten aus dem Fenster schauen und sehe schon am Gang der Menschen da draußen: Fast jeder, der vorbeiläuft, hat einen kaputten Körper.

Nun muss nicht jeder den Ironman-Triathlon bewältigen wollen.

Aber bewegen kann sich jeder.

In jedem Alter. Und wenn es nur der tägliche Spaziergang oder die wöchentliche Yoga-Einheit ist.

Mein Plädoyer für mehr Bewegung im Alltag soll aber

nicht heißen, dass Sportanschauen an sich verwerflich ist. Absolut nicht. Ich guck selbst gern Sport. Es macht mir einfach Spaß, ein richtig gutes Spiel anzusehen, die hohe Kunst des Fußballs zu genießen, mit einer brillanten Taktik, cleveren Spielzügen und Traumtoren. Super!

Problematisch wird es, wenn die Sportler zur Projektionsfläche werden. Wenn 30 000 Schalke-Fans in die Arena stürmen, dann hat das mit Sport nicht mehr viel zu tun. Im Gegenteil. Hier geht es um etwas ganz anderes. Die Fans projizieren ihre Träume auf die Spieler. Gewinnt die Mannschaft, gehen sie mit breiter Brust nach Hause. Sie sind die Größten. Im Siegestaumel identifizieren sie sich mit einem starken Verein und gewinnen dadurch selbst an Stärke.

Das Phänomen, dass Menschen ihre Sehnsüchte und Erwartungen in die Sportler hineinprojizieren, gibt es jedoch nicht nur bei den Hardcore-Fußball-Fans im Ruhrpott. Sei es der Kunstturner Fabian Hambüchen auf dem Weg zum Olympiagold oder die Handball-Nationalmannschaft bei der Europameisterschaft – sowohl der regionale Fan als auch die ganze Nation wollen ihre Helden sehen. Aus Stolz auf den jeweiligen Sieg generiert sich die eigene persönliche Stärke. Um persönlich zu siegen, reicht es, Anhänger eines Helden zu sein. Das ist wie Gladiatorenkampf.

Sport-Entertainment ist ein Stellvertreterkampf.

Die Konsequenz: Die Sportler müssen Helden werden! Koste es, was es wolle. Und wenn sie auf natürliche Weise an ihre Grenzen stoßen, dann helfen sie eben nach. Jetzt kommt die Doping-Maschinerie in Gang.

Aber da hört plötzlich der Schulterschluss mit dem Sportler auf. Doping sei verwerflich. Und auch die Medien hauen in diese Kerbe. Ja, natürlich ist das nicht ehrlich. Und natürlich ist Schummeln verboten. Doch dieses Problem ist hausgemacht! Und das Lamentieren heuchlerisch hoch drei. Denn dopende Sportler halten der Gesellschaft einen Spiegel vor – einer Gesellschaft, die nach Superlativen und kollektiver Erhöhung strebt.

Und so ist es gang und gäbe, dass im Sport jeder trickst, was das Zeug hält. In jedem Sport. Und wenn mir jemand erzählt, im Fußball würde nicht gedopt, dann lach ich mich kaputt. Englische Wochen, kaum Regenerationszeiten, zwölf Kilometer Sprint auf dem Platz, und natürlich müssen sie gewinnen. Hallo? Da kann mir keiner erzählen, dass das nur mit Training zu schaffen ist.

Das bedeutet nicht, dass Leistung erbringen im Sport nicht schön wäre! Es macht Spaß, an die Grenzen zu gehen – und darüber hinaus. Wiederholungsläufe machen, Tempohärte trainieren, bis Sie fast kollabieren – das klingt total verrückt. Aber mir hat so was selbst früher irren Spaß gemacht. Es ist absolut faszinierend, wenn Sie aus sich Dinge herausholen, von denen Sie nie gedacht hätten, dass sie in Ihnen sind!

Aber irgendwann kommt dann der Punkt, an dem Sie als Sportler in die Grauzone gehen. Irgendwann fangen Sie an zu tricksen.

Und diejenigen, die sich darüber aufregen, haben gerade Bier und Pommes bestellt …

Was erwarten Sie im Stadion?
Sport oder Selbstbestätigung?

44. Party

Die Messdiener tun es. Die Schamanen tun es. Alle tun es. Aber so gut wie die Kölner kann es keiner! Klar, ich rede von Party machen.

Der Inbegriff von Party ist für mich als Rheinländer der Karneval. Ich meine aber den echten Karneval. Nicht den, bei dem die Menschen sich mit erhöhtem Alkoholpegel durch die gesperrten Hauptstraßen der Großstädte drängen. Nein, ich meine den Karneval, bei dem Sie es selbst als Norddeutscher nicht schaffen, *nicht* mitzumachen. Da können Sie auch nur Mineralwasser trinken und haben trotzdem den besten Abend Ihres Lebens. Warum? Weil um Sie herum pure Lebensfreude herrscht. Auch wenn sie nur im guten alten Bürgersaal der Dorfgemeinde feiern, diese Leute haben Lust, dort zu sein. Sie lieben es, sich zu verkleiden! Sie tragen ihre über Wochen genähten Kostüme stolz zur Schau, weil sie daran Freude haben! Sie singen gemeinsam und haben eine gute Zeit! Sie essen und trinken gemeinsam, sie lachen, bis der Tisch bebt! Sie reden miteinander über Dinge, die sie im Alltag vielleicht nicht teilen würden! Sie erzählen Witze! Sie erzählen vom Leben! Und sie kommen sich dabei näher.

Das ist Party. Ein sinnliches Erlebnis für Körper, Geist und Seele. Ein Erlebnis, das durch die freudvolle Verbundenheit zu sich selbst und mit den anderen Menschen entsteht. Ein Erlebnis, das zwar laut ist und körperlich anstrengend, aber eins, das belebt, statt uns auszulaugen. Beobachten Sie sich mal dabei: Wenn Sie gemeinsam mit anderen eine gute Party feiern, ist das ein echter Energieschub. Sie spüren nicht nur die eigene Energie, sondern auch die Energie der ganzen Gruppe! Und wenn der DJ die passenden Beats auflegt, merken Sie, wie Sie im Rhythmus mit den anderen aufgehen. Sie stehen in Resonanz mit dem ganzen Raum. Alle sind in Bewegung. Jeder für sich, und durch die Musik ist er zugleich mit den anderen verbunden. Tanzen hat heute die gleiche Wirkung wie damals am Lagerfeuer: Im Tanz bringen wir unsere ganze Emotionalität, unser gesamtes Sein in Bewegung.

Wir tanzen uns in Ekstase.

Die DJs von heute sind praktisch moderne Technoschamanen. Die großen Technoclubs, wie das Berghain in Berlin, werden nicht zufällig als Tempel bezeichnet. Hier treffen sich die Partywilligen, um zusammen ekstatisch zu feiern.

Bei diesen Zusammenkünften gibt's natürlich nicht nur Kräutertee. Von Bier bis Wodka und von Amphetaminen bis Kokain sind da handfeste Drogen im Spiel. Und auch das gründet in einer langen Tradition. Rauschmittel gehörten auch in der Vergangenheit zu jeder guten Party dazu. Denn sie erleichtern den Zugang zur Ekstase.

Der Genuss von Rauschmitteln ist in allen Religionen verbreitet. Die Christen nutzen Weihrauch in ihren Messen, die Sufis nutzen Haschisch oder Cannabis, um Gott näherzukommen, und die Schamanen und Medizinmänner verbreichen in religiösen Zeremonien Pflanzen mit rauschhafter Wirkung. Warum? Um die normale Sinneswahrnehmung der Beteiligten zu erweitern und dabei den Kontakt zur Seele zu ermöglichen.

Ekstatische Zustände sind zutiefst meditativ. Sie ermöglichen die Verbindung zu einer Welt jenseits der Welt der Formen – und damit eine ganzheitliche Seinserfahrung.

Die Party der Geistlichen und Naturvölker ist also wie die moderne Party im Club durch Rauschmittel begleitet. Mit einem entscheidenden Unterschied: der Zweck, zu dem die Mittel eingesetzt werden, und die Art und Weise, wie sie eingenommen werden.

Wenn Naturvölker auf einer Pflanze kauen und sich damit in einen Rauschzustand versetzen, dann machen sie das nicht, weil sie gerade Lust auf schöne Gefühle haben oder weil sie ihre Sorgen vergessen wollen. Nein, sie bekommen die Mittel verabreicht – im Rahmen eines Rituals, unter Anleitung eines spirituellen Führers. Der Schamane sorgt für die richtige Dosis, den richtigen Einnahmezeitpunkt und die passende Behandlung. Denn die Einnahme des Rauschmittels ist nur ein Teil seiner Arbeit. Hat der Mensch erst mal seine Sinneswahrnehmung erweitert, beginnt der Schamane mit seiner eigentlichen Arbeit. Mental, emotional, seelisch, was auch immer der Einzelne braucht. Kurz: Ein spiritueller Experte sorgt dafür, dass diejenigen, die nicht kundig sind in diesen Dingen, das Rauschmittel auf eine Art und Weise zu sich nehmen, die ihrem spirituellen Wohlbefinden zuträglich ist.

Ganz anders geht es in den Clubs von Ibiza zu. Da werden Drogen und Alkohol konsumiert, nicht um der Seele näherzukommen, sondern um vor der eigenen Natur zu fliehen. Um sich wegzudröhnen. Um sich abzuschießen.

Während die Ektase Sie zur spirituellen Erforschung mehr in Kontakt zu sich selbst bringt, führt der sinnlose Rausch Sie immer weiter weg von sich. Und das passiert nicht nur in Technoclubs, Coffee Shops und Kneipen, sondern fast überall. In der WG, bei Freunden und Bekannten, bei der Familienfeier und unter dem heimischen Weihnachtsbaum.

Gucken Sie sich mal das alljährliche Besäufnis auf dem Oktoberfest an. Bevor Sie in ein Festzelt kommen, müssen Sie erst mal im Slalom durch die Betrunkenen. Ähnliches erleben Sie im Fußballstadion. Wie viele »Fans« gehen da einfach hin, um sich abzuschießen? Komasaufen wie bei den Teenies an der Tanke. Nach kurzer Zeit sind die Leute dicht. Dieses Wegdröhnen hat mit einer guten Party nichts mehr zu tun.

Ich möchte nicht sagen, dass Alkoholgenuss an sich verwerflich ist. Ein gemeinsames »Hoch-die-Tassen« kann Spaß machen, keine Frage. Die Verbundenheit miteinander steigt, Sie kommen sich durch ein Gläschen Wein näher als sonst – schlicht, weil gewisse Grenzen fallen. Alles gut! Solange Sie dabei eine Verbindung haben zu Ihrem Körper, Ihrem Geist und Ihrer Seele, sind Rauschzustände völlig in Ordnung. Egal, womit sie induziert worden sind.

Das gilt allerdings nur bis zu einem bestimmten Punkt. Wenn der überschritten ist, wenn Menschen auf einer Party einen zu hohen Alkoholpegel erreicht haben, wird Alkohol toxisch. Dann ist plötzlich keine Beziehung, kein Kontakt mehr da. Jeder ist nur noch in seinem eigenen Rauschfilm. Gemeinschaftssinn, wie bei traditionellen religiösen Festen oder ekstatisch ritualisierten Formen von Party, kommt dabei nicht zustande.

Stattdessen kippt die Stimmung. Wo vorher Fröhlichkeit war, ist jetzt auf einmal Aggression. Es kommt zu den berüchtigten hemmungslosen Schlägereien unter betrunkenen Partygästen. Neulich stand ich im Stadion nahe bei zwei Brechern, die deutlich über ihren Durst getrunken hatten. Die fingen an, einen Familienvater mit seinen beiden kleinen Söhnen so anzupöbeln, dass ihn die Ordner schließlich in Sicherheit bringen mussten. Was hat das noch mit Freude am Sport zu tun?

Und dann gibt es noch die Menschen, die ab einer gewissen Alkoholdosis plötzlich tieftraurig werden. Sie schmieren ab in eine Art Depression und fangen scheinbar grundlos an, herumzuheulen. Da macht die Party dann auch allen anderen keinen Spaß mehr.

Unkontrollierter Drogenkonsum bildet keine tiefere Verbindung, sondern führt zur Vereinzelung. Darum will ich Sie ermuntern:

Feiern Sie! Genießen Sie! Mit allen Sinnen!
Aber trinken Sie nicht über den Durst.

45. Flow

Am schönsten finde ich es, wenn es richtig heiß ist: Weit über 30 Grad Celsius, die Sonne brennt herunter, direkt neben mir das strahlend blaue Mittelmeer und in der Luft der typische Geruch nach Zedern. Wenn ich auf Mallorca Rennrad fahre, bin ich im Flow. Meine Füße zirkulieren in den Klick-Pedalen wie geölt. Zug und Schub, Zug und Schub, ohne toten Punkt. Wie eine Nähmaschine. Und ich habe das Gefühl, über den heißen Asphalt zu fliegen!

Wenn ich auf diese Weise über meine kleinen Eskapaden in die Natur erzähle, ernte ich bei Freunden und Bekannten gebannte Blicke. Sie folgen dieser Erzählung und verstehen sofort meine Begeisterung. Manche fangen selbst ein bisschen Feuer, obwohl sie persönlich dem Radfahren nichts abgewinnen können. Die Faszination überträgt sich.

Allerdings ist das ist nur der erste Teil der Geschichte. Der zweite gehört für mich untrennbar dazu, löst bei meinen Gesprächspartnern aber ganz andere Gefühle hervor.

Radfahren, das mache ich am liebsten mit etwa 45 Kilometern pro Stunde auf gerader Strecke. Ich schwitze dabei wie ein Wasserfall, mein Puls ist auf 170 und die Wanderer und Urlaubsradler, an denen ich vorbeifliege, fragen sich mehr oder weniger laut, was denn bloß in mich gefahren sei. Ob ich lebensmüde sei. Ob ich mir etwas beweisen müsse. Warum um alles in der Welt ich mich bei dieser Hitze so abstrampele.

Wenn sie begreifen, mit welcher Geschwindigkeit und Kraft ich fahre, hüllen sich auch die Gesichter meiner Gesprächspartner in Skepsis. Ich kann die Fragezeichen förmlich auf ihrer Stirn aufploppen sehen, während sie noch um Worte ringen. Nachvollziehen, was ich da mache, können jedenfalls die wenigsten.

Die Sache ist aber die: Für mich ist das keine Anstrengung. Es fühlt sich so mühelos an, über die Pässe zu brettern, als würde ich von einem Sog gezogen. Entschuldigen Sie bitte den Begriff, ich verwende ihn nur in Ausnahmefällen, aber an dieser Stelle passt er einfach: So Rennrad zu fahren ist einfach nur geil! Es ist für mich das ultimative Flow-Erlebnis.

Und wenn Menschen im Flow sind, dann passiert etwas ganz Wundersames: Subjekt und Objekt lösen sich auf. Es gibt kein Erlebnis mehr, das getrennt ist von dem Erlebenden. Der Radfahrer, das Fahrrad und das Radfahren sind eins. Sprich: Wenn Sie im Flow sind, kommen Sie in einen Zustand jenseits von Dualismus. Sie sind völlig verschmolzen mit der Tätigkeit, die Sie tun, und dabei so verzückt, dass Sie sich in diesem Moment eins mit der Welt fühlen.

Dieser Zustand des absoluten Einsseins ist ähnlich wie der Zustand einer ekstatischen sexuellen Vereinigung und ähnlich wie das Gefühl der Verbundenheit, den Menschen kennen, die viel Meditationserfahrung haben: der Zustand, in dem Sie erkennen, dass Sie von Ihrer Außenwelt nicht getrennt sind. Dass wir eigentlich alle eins sind. Eins mit dem Lebenspartner, dem Lehrer des Sohnes, der Supermarktkassiererin, dem Baum, dem Auto und dem schlimmsten Feind.

Dieses göttliche Gefühl des Einsseins birgt einen tiefen Frieden. Und das ist der Grund, warum der Mensch sich grundsätzlich nach der Vereinigung in der Partnerschaft sehnt. Es ist zugleich auch der Grund, warum sich jeder Mensch ab einem gewissen Alter die Frage nach dem Sinn des Lebens stellt oder danach, wer eigentlich Gott ist. Und es ist zweifellos auch der Grund, warum wir im Beruf und in der Freizeit nach Tätigkeiten suchen, die uns genau dieses Flow-Erlebnis ermöglichen.

Geht es also darum, das ultimative Hobby zu finden? Die eine Sache, die Sie so mit Freude erfüllt, dass Sie sie Tag für Tag betreiben könnten? Und sie einfach zu tun?

Ja und nein.

Die gängige Vorstellung von Flow ist, dass man nur das Richtige »finden« muss, und dann stellt sich der Flow ein. Den richtigen Job, die richtige Tätigkeit, den richtigen Partner, das richtige Hobby, die richtige Freizeitbeschäftigung oder den richtigen Mix aus all dem.

Ich verrate Ihnen etwas: Wenn ich in Italien einen »Gelato« esse, dann habe ich exakt das gleiche verzückte Gefühl wie auf dem Rennrad. Es ist besser als Sex und gleich gut wie Meditation. Aber eins ist es nicht: F-L-O-W. Denn Flow entsteht nicht durch Konsum.

Flow entsteht durch Meisterschaft.

Es entsteht nicht bei den Dingen, die uns schon immer leichtgefallen sind, sondern bei den Dingen, die uns so faszinieren, dass wir nicht anders können, als uns reinzuknien. Unser Bestes zu geben bei höchster Konzentration, Hingabe und Einsatz. Erst durch das Engagement für eine Sache und die Disziplin, über Monate und Jahre dranzubleiben, Hindernisse und Rückschläge in Kauf zu nehmen, entsteht Meisterschaft. Und Meisterschaft ist *die* Voraussetzung für den Flow.

Genau genommen entsteht die Mühelosigkeit im Flow aus einer hohen Form der Präsenz. Also aus einer entspannten Form der Konzentration. Diese Konzentration ist vollkommen frei von Verkrampfung, aber sie ist und bleibt Konzentration. Das ist keine passive Haltung wie beim Konsum von »Gelato«, sondern eine aktive Haltung, bei der alle Sinne hellwach sind.

Wenn ich beim Rennradfahren nur zwei Sekunden lang abwesend wäre, könnte ich einen tödlichen Unfall bauen. Darum bin jederzeit hochkonzentriert – ob ich gerade durch scharfe Kurven fahre oder auf gerader und menschenleerer Strecke. Ich weiß ja nie, wer oder was plötzlich aus dem Gebüsch hüpfen und meinen Weg kreuzen wird.

Um also die Frage zu beantworten: Es geht nicht darum, das Hobby mit dem höchsten Spaßfaktor zu finden oder den Job, der Ihnen ganz leicht von der Hand geht. Es geht darum, das Feld zu finden, in dem es Sie reizt, tiefer zu gehen. Und dieses ist höchst individuell. Dafür müssen Sie nicht aufs Rennrad steigen. Es ist auch nicht gesagt, dass Ihr Feld überhaupt der Sport ist. Es gibt die unterschiedlichsten Wege zum persönlichen Flow.

Möglicherweise erleben Sie Ihren Flow beim Klavierspielen oder beim Tanzen. Oder bei handwerklichen Tätigkeiten. Oder beim Sprechen vor Menschen. Oder beim Entwickeln von Software. Oder beim Schreiben. Fakt ist: Jeder hat den Flow, während er etwas in der Außenwelt tut – aber die Quelle des Flows sprudelt im Inneren. Er fließt, wenn Sie etwas tun, das aus Ihrem Sein kommt – etwas, das Ihnen vollkommen entspricht. In diesem Tun werden Sie eins mit der Essenz, die Ihrem Selbst entspringt. Ihr Tun findet Resonanz in Ihnen. Und diese Verbindung versetzt Sie in einen Zustand, in dem Ihr Tun mühelos wird.

Wann sind Sie im Flow?

Wissen Sie das? Wenn nicht: Schnappen Sie sich entweder einen großen Becher Gelato oder etwa anderes, das Ihnen große Freude bereitet. Und während Sie das genießen, achten Sie darauf, welche Tätigkeit Ihnen dabei in den Sinn kommt. Da steckt ihr Flow-Potenzial. *Let's get it.*

46. Krieg

»Herr Müller! Kommen Sie mal her und sehen Sie sich diese Unmengen an Laub in meinem Garten an. Alles nur von Ihren Bäumen. Ich habe Sie mindestens schon zehn Mal gebeten, die zurückzuschneiden. Jetzt reicht es!« Herr Meier steht mit dem Laubrechen in der Hand erbost am Zaun, der die beiden Grundstücke trennt.

Der Nachbar stapft herbei, sein Gesicht ist hochrot angelaufen »Können Sie es nicht kapieren?! Oder wollen Sie einfach nicht?!«, bellt er zurück. »Ich schneide die Bäume dann, wenn mir mein Job Zeit dazu lässt. Und jetzt hören Sie mit dem Gefuchtel auf.«

In einer solchen Situation braucht es vielleicht nur noch einen einzigen Tropfen, der das Fass zum Überlaufen bringt. Der den Nachbarschaftsstreit eskalieren lässt. Der den Konflikt zum Krieg macht.

Ja, da fängt für mich der Krieg schon an: da am Gartenzaun. Denn ein Krieg beginnt immer da, wo einer seine Emotion für die Realität hält. Wo zwischen Reiz und Reaktion kein bewusster Gedanke mehr passt. Denn ohne Bewusstsein für den Unterschied zwischen Empfindung und Wirklichkeit gibt es keine Alternative mehr: Die Wut, der Hass, der Ärger bestimmen den nächsten Schritt. Dann bricht der Krieg aus uns heraus.

Denn das ist der Grund, warum trotz aller Friedensbekundungen der Krieg auf der Welt noch kein Ende gefunden hat. Obwohl fast jeder, den Sie fragen, mit großer Sicherheit sagen wird: »Nein, ich will auf keinen Fall Krieg. Ich bin total dagegen!«

Und jeder sagt es aus voller Überzeugung heraus, weil er eines nicht ahnt:

Jeder trägt den Krieg in sich!

Ganz tief in uns steckt eine animalische Aggression. Wir füttern sie mit Emotionen, die wir unterdrücken – aus welchen Gründen auch immer. Die Aggression nährt sich auch von körperlichen Schmerzen oder Beschwerden. Sie wächst mit jeder Niederlage, die wir nur schlucken, aber nicht verdauen.

Sie spüren sehr wohl, wenn diese Aggression in Ihnen wächst. Zum Beispiel schlafen Sie dann schlecht oder gar nicht. Oder Sie kämpfen mit Hautausschlägen. Oder Sie können sich einfach nicht mehr konzentrieren. Auf jeden Fall gehen Sie nervlich auf dem Zahnfleisch. Irgendwann braucht es nur ein Fünkchen, schon explodieren Sie. Schon stürzen Sie sich in den Krieg. Und es fühlt sich sogar nach einem »Endlich«, nach Erleichterung an.

Das heißt nicht, dass Sie in dieser Situation zu einer Waffe greifen und in die Schlacht ziehen. Es bedeutet vielmehr, dass Sie den Konflikt eskalieren lassen – weil sich Ihre Wahrnehmung der Umwelt von harmlos auf gefährlich verschiebt und Sie glauben, jetzt handeln zu müssen.

Aus Ihrem Nachbarn, im Grunde ein ganz umgänglicher Mittfünfziger, der Ihnen sogar schon mal beim Reifenwechsel geholfen hat, wird plötzlich ein Angreifer. Sie sehen in ihm eine Bedrohung – den Feind, den Sie niedermachen müssen, bevor er Sie niedermacht.

Und wenn die Eskalation Fahrt aufnimmt, entstehen immer noch mehr betonierte Standpunkte, noch größere Grabenkämpfe – und, zack, sind Sie mitten drin in kriegerischen Auseinandersetzungen.

Aus genau diesem Grund ist der echte Krieg für mich nichts anderes als die Spiegelung des Krieges, den wir in uns haben. Aus einer solchen kriegerischen Grundhaltung kann niemals Frieden entstehen. Deshalb werden die Aktivisten, die den Frieden mit allen Mitteln herbeiführen wollen, ihn niemals dauerhaft erreichen: Es fehlt ihnen die entscheidende Voraussetzung.

Denn die Friedfertigkeit in der Welt entsteht erst, wenn die Friedfertigkeit in jedem Einzelnen entstanden ist. Und zwar dadurch, dass wir Frieden in uns schließen.

Und das ist leichter gesagt als getan. Aber es lohnt sich. Denn nur dadurch werden Sie frei.

Was Krieg mit Freiheit zu tun hat? Viel. Denn wenn Sie in den Krieg ziehen, geben Sie Ihrem Gegner Macht über Sie. Sie opfern ihm Ihre Freiheit. Denn er hat durch seine Aktionen in der Hand, Ihre Emotionen und damit Ihre Reaktionen zu steuern. Und das läuft so: Er beleidigt Sie. Sie fühlen sich beleidigt und reagieren beleidigt. Sie sind ja nicht Herr über Ihre Reaktion, denn Sie sind ja im Krieg – das heißt, es ist kein Raum für Nachdenken zwischen Emotion und Reaktion. Genau so ist Krieg ja definiert. Der Herr über Ihre Reaktion ist damit Ihr Gegenüber. Also genau der Mensch, dem Sie sich in diesem Moment am wenigsten überantworten wollen.

Der Dalai Lama wurde einmal gefragt, wie er es schaffe, so friedfertig über die Chinesen zu sprechen. Er antwortete sinngemäß darauf: »Die Chinesen haben mir mein Land und mein Volk genommen. Soll ich ihnen auch noch meinen Geist überlassen?« Das ist wow.

Bei dieser Sicht auf den Krieg wird klar: Um Frieden zu stiften, ist es nicht nötig, als Erstes in die Krisengebiete dieser Welt aufzubrechen. Mit dem Frieden können Sie jederzeit und überall anfangen. Denn Ihr innerer Friede lässt Ihnen immer die Wahl: Wenn Ihnen jemand mit einem Einkaufswagen im Supermarkt in die Hacken fährt, dann können Sie entweder das Kriegerische zulassen und den Drängelnden beschimpfen– oder aber Sie atmen tief durch, drehen sich lächelnd um und sagen: »Ich sehe, Sie haben es eilig. Das hätten Sie mir auch ruhig sagen dürfen.«

Das heißt nicht, dass Sie jedem Konflikt aus dem Weg gehen sollen. Denn Konflikte gehören zum Leben in der Gemeinschaft unweigerlich dazu. Jeder Mensch hat unterschiedliche Auffassungen vom Leben und unterschiedliche

Interessen. Konflikte sind dabei unvermeidbar. Kriege aber schon.

Anneliese, eine gute Freundin, ist Lehrerin. Sie ist der friedfertigste Mensch, den ich kenne. Doch wenn es um ihren Rektor ging, dann wurde sie richtig aggressiv. Sie bezeichnete ihn als superspießig und fand seine Anweisungen grundsätzlich immer doof. Kaum wurde sein Name erwähnt oder er erschien auf der Bildfläche, sah sie rot. Und wenn sie den Mann dann angriff und allen Respekt vermissen ließ, wenn sie ihn auflaufen und in Konferenzen schlecht aussehen ließ, dann war klar: Sie ist auf Kriegspfad. Und er? Er schoss zurück. Nicht mit Kanonen, aber genauso verletzend. Gut ging es keinem von beiden damit.

»Er ist so ein Arschloch!«, sagte sie mir eines Tages. »Ständig redet er mir rein. ›Machen Sie das ja nicht so! Sie müssen das so machen! Nur so klappt es!‹ Als wäre ich ein Kind, das nicht weiß, was es zu tun hat!«

Ich sagte zu ihr: »Du denkst also, dass es zu deiner Rolle gehört, eigenständig denken und handeln zu können?«

»Ja! Natürlich! Das gehört schließlich zu meinen Aufgaben als Lehrerin.«

»Gehört Supervision denn nicht zu den Aufgaben eines Schulleiters? Ist das nicht auch seine Rolle?«, fragte ich ruhig.

Sie schaute mich an: »Schon. Aber ich würde meinen Mitarbeitern nicht ständig reinreden!«

»Weil für dich persönliche Freiheit mehr wiegt als Führungsanspruch?«

»Genau.«

»Na, vielleicht nimmt er sich die Freiheit und sieht das anders als du.«

Sie schaute mich wieder an. Und schwieg.

Anneliese hat es geschafft, ihre Eskalation zu durchbrechen. Sie hat verstanden, dass ihr Rektor andere Werte und Prinzipien im Leben hat. Sie hat akzeptiert, dass sie beide im Schulbetrieb unterschiedliche Rolle ausüben – und dass ihr Rektor aus seiner Rolle heraus einfach ein paar Dinge macht, die ihr nicht schmecken. Und *dass* sie ihr nicht schmecken, ist ihr Ding und nicht seins.

Heute würde sie mit dem Mann noch immer nicht in Urlaub fahren, aber sie kommt besser mit ihm klar. Es gibt zwar nach wie vor Konflikte zwischen den beiden, aber sie gehen sie in Frieden an. Der Krieg ist beendet. Und davon profitieren alle Beteiligten.

Der Friede fängt im eigenen Geist an. Und erst durch den Frieden in uns selbst sind wir in der Lage, den Frieden mit anderen zu schließen.

47. Freiheit

Über Freiheit reden heißt, über Paradoxien reden. Eine davon ist zum Beispiel die: Viele Menschen in unserer Gesellschaft fühlen sich unfrei. Obwohl noch nie so viele von ihnen so frei waren wie heute.

Ich gebe Ihnen ein paar Beispiele: Kinder können sich aus 1000 Möglichkeiten ein Hobby aussuchen, das ihnen Spaß macht. Eltern können für ihre Kinder eine Schule wählen, die sie passend finden. Liebende entscheiden sich füreinander, ganz frei. Wenn Sie Lust haben, können Sie heute überall in Europa arbeiten gehen. Dazu müssen Sie oft nicht mal mehr ins Büro. Es lebe das Home-Office! Und wenn Sie doch pendeln, dann wählen Sie frei aus:

Auto, Bahn, Bus, Fahrrad – reine Geschmackssache!

Freiheit, wohin das Auge blickt. Grenzenlose Freiheit. Wieso fühlen sich dennoch so viele unfrei?

Na, so völlig grenzenlos ist die Freiheit nun doch nicht. Wenn es draußen zwei Grad Celsius und Nieselregen hat, dann können Sie dagegen nichts machen. Klar, Sie können zu Hause bleiben oder einen Schirm aufspannen, aber diesen saukalten Nieselregen kriegen Sie nicht weggezaubert. Der ist eine Tatsache, ob Sie es wollen oder nicht. Oder im Verkehr: der mittlere Ring in München. Jeden Tag, zwischen 17 und 18 Uhr. Keine Ahnung, wie viele Autos sich da stauen. Und Sie mittendrin. Extreme Unfreiheit! Da können sie sich noch so sehr aufregen. Das ist so.

Das heißt: Bei aller Freiheit gibt es ein paar Dinge im Leben, die Sie nicht beeinflussen können. Die müssen Sie hinnehmen. Das Mistwetter fühlt noch nicht jeder gleich als Einschränkung seiner Freiheit. Aber für schlechte Laune sorgt es trotzdem. Und im Auto mitten im Stau kochen die Emotionen schon richtig hoch.

Im Zusammenleben mit anderen ist es noch heftiger. Jeder, der in einer Partnerschaft oder in einer Familie lebt, weiß das: Da geht immer ein Stück Freiheit flöten. Wie viele Kompromisse schließe ich, welche Launen toleriere ich, in welche Stadt ziehen wir, wer kümmert sich wie viel um die Kinder …

Oder wenn Sie Angestellter sind. Da haben Sie einen Chef, und der macht die Ansage. Egal, ob es Ihnen passt oder nicht, Sie müssen sich danach richten. Freiheit fühlt sich anders an.

Unfreiheit ist also ebenso omnipräsent wie Freiheit. Das ist paradox, aber alltäglich. Wir sind in dieser Welt total frei, aber auch an bestimmte Dinge gebunden. Also unfrei.

Wie können Sie dieser Unfreiheit entkommen? Die eine Möglichkeit wäre: sich anpassen, still erdulden. Also jeden Tag im Stau sitzen und sich innerlich schwarzärgern. Das ist allerdings ungesund und verstärkt die Unfreiheit.

Die andere Möglichkeit: rebellieren. Also wild hupen und dem Vordermann aufs Heck fahren. Das ist lächerlich – und macht Sie auch nicht frei. Indem Sie den Kampf gegen unabänderliche Abhängigkeiten aufnehmen, geraten Sie stattdessen erst so richtig tief in sie hinein. Das klingt schon wieder paradox. Aber je mehr Sie zwanghaft gegen alles, was unabänderlich ist, rebellieren, desto mehr geben Sie den Tatsachen Macht über Sie. Wenn Sie sich am Stau abarbeiten, dominiert er Sie. Sie werden immer unfreier statt freier. Ihr Spielraum schrumpft also noch stärker. Am Ende dirigiert Ihr Umfeld Ihren Handlungsrahmen. Nicht Sie.

Sich zu befreien macht unfrei.

Sie müssen nicht über jedes Stöckchen springen, das das Leben Ihnen hinhält. Sie müssen nicht auf jeden Reiz von außen auf dieselbe Art reagieren. Im Raum zwischen dem Reiz und Ihrer Reaktion: Da liegt Ihre Freiheit! So schrieb der österreichische Neurologe und Psychiater Viktor E. Frankl.

Sie haben nun mal keinen Einfluss darauf, in welcher Stimmung Ihr Lebenspartner heute Abend ist. Wenn der schräg drauf ist, ist er schräg drauf. Das ist eine Realität, die Sie nicht verändern können. Was Sie stattdessen tun können: Sie können wählen, wie Sie damit umgehen. Das ist die größte Freiheit, die Sie haben.

Diese Wahlfreiheit ist immer da: Verabrede ich mich spontan mit meinem besten Freund, wenn zu Hause dicke

Luft ist? Oder koche ich Pasta, weil das die Stimmung erfahrungsgemäß immer dreht, sodass eine Chance auf einen schönen Abend besteht?

Oder wenn Ihr Chef ein Stinkstiefel ist. Dann können Sie an seinem Charakter nichts machen. Aber Sie können wählen: Verlasse ich das Unternehmen? Oder finde ich einen Weg, die Konflikte mit dem Chef zu minimieren, sodass ich trotzdem in Ruhe arbeiten kann.

Erst wenn Sie auf diese Weise verschiedene Handlungsalternativen entwickeln – Alternativen, die nicht in zwangsweiser Anpassung oder Rebellion bestehen, dann sind Sie frei. Die größte Freiheit, die wir haben, ist: zu wählen, wie wir mit dem umgehen, was ist. Welche Kraft und Lebensenergie in so einer inneren Freiheit steckt, zeigt das Beispiel von Viktor Frankl.

Frankl war Häftling im KZ Dachau. Da gab es diese Planken, die zwischen den einzelnen Baracken lagen. Und wenn die SS-Mannschaften jeden Morgen diese Planken entlangliefen, um die Baracken aufzuschließen, dann konnte Frankl ihre schweren Lederstiefel schon von Weitem hören. Und jedes Mal, wenn sie sich näherten, tat er etwas Unglaubliches: Er sprang schnell aus dem Bett und lief zur Tür. Und er öffnete sie ihnen! Nicht die öffneten, er tat das! Was für ein eindrückliches Beispiel für Freiheit in der Unfreiheit!

Was war sein Motiv? Er dachte sich: Bevor die Wachmannschaft in meine Privatsphäre nach Belieben eindringt, entscheide ich aus freien Stücken: *Ich* lasse die rein! Das ist *meine* Entscheidung! Das ist gelebte Autonomie in zutiefst grausamen Zuständen. Rebellion gegen die SS hätte seinen Tod bedeutet. So gelang es ihm, sich in einem total unmenschlichen Umfeld einen Rest Menschenwürde zu bewahren.

Er arrangierte sich mit den Umständen, die er nicht ändern konnte, ließ sich aber nicht von ihnen erdrücken, sondern ging in eine aktive Rolle und bewahrte so seine innere Freiheit.

Mit so einem Verständnis von Freiheit meine ich übrigens nicht, dass Sie sich immer mit allen Rahmenbedingungen zu arrangieren haben. Überhaupt nicht! Stattdessen will ich Sie ermutigen, dass Sie sich klarmachen: Welche Freiheiten habe ich? Und welche Dinge kann ich nicht ändern?

Anfreunden oder Anrennen?

Denken Sie an die Mutter eines Kleinkindes. Wenn Sie Frauen fragen, was die größte Unfreiheit in ihrem Leben war, sagen die meisten, wenn sie ehrlich sind: das erste Lebensjahr meines Kindes. Das ist so. Das Kind ist nun einmal da und geht so schnell nicht wieder weg. Damit sind zwangsläufig ein paar Größen im Leben der Frau determiniert:

- Das Kind wird jede Nacht alle paar Stunden wach.
- Die Mutter leidet unter Schlafmangel.
- Sie kann in dieser Zeit kaum etwas allein unternehmen.

Wenn sich die Mutter gegen diese fixen Größen in ihrem Leben auflehnt, macht sie das keinen Deut freier. Im Gegenteil. Sie überlässt ihre Kontrolle jemand anderem, nämlich ihrem Kind. Das Kind bestimmt durch sein Verhalten, wie sich die Mutter fühlt. Das Kind bestimmt, wie sie agiert – gestresst oder liebevoll. Totale Abhängigkeit. Mehr Unfreiheit geht nicht.

Die Mutter kann den Schlafrhythmus ihres Kindes nicht ändern. Er ist, wie er ist. Aber sie hat die Wahl, wie sie damit umgeht. Sie kann eine Haushaltshilfe engagieren und dann schlafen, wenn ihr Kind schläft, anstatt in der Zeit die liegengebliebenen Arbeiten im Haushalt zu erledigen. Oder anstelle eines gemeinsamen Kinobesuches kommt die Freundin mit einer DVD vorbei. Möglicherweise bestellt sie jetzt häufiger den asiatischen Lieferservice, und der Herd bleibt kalt.

Wofür sie sich auch immer entscheidet – erst indem sie einen Weg findet, mit der Situation umzugehen, erst wenn sie eine bewusste Wahl zwischen Alternativen treffen kann, ist sie frei in dem, was sie tut.

Das ist ein weiteres Paradoxon der Freiheit: Wenn ich Dinge akzeptieren kann, wie sie sind, und meinen Umgang damit wähle, bin ich wahrhaft frei. Wenn ich aber versuche, die Dinge zu verändern, bis sie mir passen, bin ich gefangen in meiner Unfreiheit.

Machen Sie sich frei! Haben Sie eine andere Wahl?

48. Lärm

Lärm, Lärm, Lärm! Sind Sie auch so genervt vom ständigen Lärm? Wo nervt er Sie am meisten? Mittags in der Kantine mit 65 Dezibel? Oder samstags beim Rasenmäher Ihres Nachbarn mit seinen 70 Dezibel? Oder beim Ghettoblaster der Teenies abends im Stadtpark mit 110 Dezibel? Oder beim Presslufthammer auf der Baustelle hinter Ihrem Garten mit 120 Dezibel? Egal, wo: Dieser Lärm zerrt ganz schön an den Nerven, auch an meinen! Deshalb gibt es ja auch einen ganzen Berg von Verordnungen, die definieren, wie viel Lärm Sie aushalten müssen. Und ab wann Lärmbelästigung nicht mehr zumutbar ist.

Doch der Geräuschpegel durch Rasenmäher und Co. ist nur eine Form von Lärm. Das ist äußerer Lärm. Es gibt auch den inneren Lärm. Geistigen Gedankenlärm.

Alle Menschen haben Unmengen von Gedanken in ihrem Kopf, die ihnen oft gar nicht bewusst sind. Wenn sie diese Gedanken nicht wahrnehmen, fühlt sich der Kopf ruhig an. Aber der Vorhang fürs Gedankentheater kann sich in jeder Sekunde des Alltags heben. Dazu braucht es noch nicht einmal eine Extremsituation.

Stellen Sie sich vor, ein junger Vertriebler sitzt friedlich an seinem Schreibtisch und plötzlich kommt da diese Mail. Ein wichtiger Kunde sagt das Projekt ab, auf das der Vertriebler so viele Hoffnungen gesetzt hat.

Verdammt!

So schnell könnten Sie gar nicht zuhören, wie die Gedanken im Kopf des guten Mannes zu rasen beginnen. »Jetzt geht es abwärts mit dem Business, wir schaffen unsere Quartalszahlen nicht, was werden die Investoren sagen, der Kunde ist aber auch ein Sackgesicht, so einen guten Provider wie mich findet er nicht mehr, was mache ich jetzt, wie kann ich neuen Umsatz generieren, was wird mein Chef wohl dazu sagen, überhaupt, gestern auf Mallorca war es viel schöner, wieso muss ich eigentlich schon wieder hier sein, was, wenn ich den Job verliere, und meine Frau gibt auch noch so viel Geld aus, wer hat sie nur so verzogen, diese Prinzessin, und unsere Tochter wird auch schon so wie sie …«

Der Mann sitzt im stillen Büro, und in seinem Kopf entsteht ein Wahnsinnstrubel. Ein Lärm, der gar nicht mehr aufhört und der immer lauter, intensiver und chaotischer wird. Alles wirbelt da durcheinander: der Chef, die Investoren, die Frau, die Tochter, Mallorca … sie rasen in wenigen Sekunden durch seinen Kopf!

Und was tut der Vertriebler? Er gerät in Stress, wird fahrig, und wenn dann noch der Azubi mit einer Frage hereinkommt – na, der kann sich warm anziehen.

All das nur wegen einer Mail? Nein. Tatsächlich macht den Stress nicht die Mail, nicht der Chef und auch nicht der Azubi. Der Stress entsteht eben nicht außen, sondern innen. Ausschließlich durch die Gedanken im eigenen Kopf. Die äußeren Umstände lösen sie aus, aber sie sind *nicht* die Ursache.

Viele der Gedanken gehen auch mit Gefühlen einher. Denn unangenehme Gefühle erzeugen quälende Gedanken. Zum Beispiel, wenn Sie Angst haben vor der Präsentation übermorgen. Diese Angst manifestiert sich in Gedanken, die wahre Schreckensszenarien sind: Sie werden keine Stimme haben, der Beamer wird nicht funktionieren, Sie werden sich ständig versprechen. Wenn Sie sich in so einem Gedankenknäuel verstricken, dann entwickeln sich die Gedanken langsam zu einer Art Inferno – zu einem unerträglich lauten chaotischen Konzert. Das sorgt für wahnsinnigen Stress. Sie möchten sich die Ohren zuhalten. Aber es nutzt nichts. Denn der Lärm kommt von innen.

Im Gegensatz zu diesem Gedankenlärm ist der Lärm da draußen ein Flüstern.

Der größte Lärm entsteht im Kopf!

Sie können im stillsten Wald einsam wandern und in Ihnen ist ein Höllenlärm wie auf der Autobahnbaustelle. Deswegen sind Ihre Mitmenschen auch die falsche Adresse, wenn Sie erreichen wollen, dass der Stress aufhört. Kein Kunde, kein Azubi, kein Chef kann Sie da retten. Auch Ihr Partner und Ihre Freunde nicht. Vielmehr wird es erst ruhig, wenn Sie sich dorthin wenden, wo es wirklich laut ist: Wenn Sie in sich hineinhören.

Der Gedankenlärm lässt sich jedoch nicht per Ansage stoppen. Im Gegenteil. Wenn Sie versuchen, sich mit Ihrer inneren Stimme zur Ruhe zu rufen, dann fügen Sie dem wilden Gedankenorchester nur ein weiteres, verstimmtes Instrument hinzu. Und was passiert dann? Dann wird es noch lauter!

Das Inferno lässt sich nur durch eins stoppen: durch wirkliches Sich-Hinwenden. Widersetzen macht keinen Sinn. Nehmen Sie den Lärm an.

Face the noise.

Ohne die Akzeptanz der inneren Geräusche ist es unmöglich, sie zu reduzieren. Akzeptanz schaffen Sie zum Beispiel mit Meditation. Ich beobachte das bei Menschen, die zu mir kommen. Ich habe einen Raum, in dem ich nur coache und meditiere. Ein Raum mit wenig Ablenkung und viel Energie. Wer den betritt, der wird schon einmal äußerlich ganz ruhig. Wir setzen uns gegenüber, und ich frage nur: »Wie geht es Ihnen?« Viele explodieren förmlich und erzählen ohne Punkt und Komma, was draußen alles los ist. Dann frage ich irgendwann: »Und was ist *in Ihnen* gerade los? Wie geht es Ihnen damit?« Dann erst fangen sie an, zu merken, wo das eigentliche Inferno ist: in ihrem Kopf. Und dann wenden wir uns dem zu.

Erfahrenere gehen in so einer Meditation gleich mit dem

Blick nach innen. Eine Frau, die schon länger zu mir kommt, betritt den Raum manchmal mit einem Gesicht, dem ich den erhöhten Stresslevel sofort ansehe. Dann setzt sie sich und sagt: »Ach, ich laufe wieder auf Autopilot. Ist das gut, wieder hier anzukommen!« Sie ist dann sofort in ihrem Inneren, es wird ruhig in ihr, und sie sieht nach drei Minuten völlig anders aus. Im Englischen nennt man das: *Quieting the mind*. Das kann man gar nicht übersetzen. Wenn Sie in die Meditation hineingehen und Sie schaffen das, dann kommen tiefe Entspannung und Friede. Sofort. In diesem Moment. Das ist ein traumhafter Zustand.

In äußerer Stille wie bei mir oder in einem Kloster ist es relativ einfach, meditieren zu lernen. Aber wenn Sie das einmal können, dann ist die nächste Stufe, Ihren Geisteslärm zu bändigen, indem Sie sich in den äußeren Lärm begeben. Unter den erschwerten äußeren Bedingungen trotzdem diesen friedlichen, ruhigen Ort in sich zu finden ist dann eine andere Liga der Konzentration. Wenn Sie es dort können, dann können Sie es überall. Dann werden Sie völlig unabhängig vom äußeren Lärm. Ihre innere Ruhe ist dann so stabil, dass Ihnen das Außen nichts mehr anhaben kann. Sie können sich in London in eine U-Bahnstation stellen und dort innere Ruhe haben. Totale Ruhe! Und auch den Rasenmäher Ihres Nachbarn können Sie milde weglächeln …

Sie können es tatsächlich als kleine Alltagsübung nehmen. Ganz egal, wo Sie sich befinden, ob im Kloster oder in der U-Bahn: Machen Sie für eine Minute die Augen zu und hören Sie nach innen. Entscheidend ist, dass Sie sich dem Lärm in Ihrem Kopf zuwenden, statt ihn zu bekämpfen. Und dann bleiben Sie beim Lärm! Hören Sie den Stimmen zu, widmen Sie ihnen Ihre ganze Aufmerksamkeit. Spüren Sie nach, woher der Lärm kommt. Was klingt da in Ihnen?

Sobald Sie neugierig an die Sache herangehen, indem Sie sagen: »Wow, da ist Lärm!«, passiert das kleine Wunder: Es wird leiser. Sofort. Schalten Sie nicht ab, wenn Sie Lärm im Kopf haben. Im Gegenteil:

Hören Sie sich aufmerksam zu!

49. Meditation

»Ich habe diese Reise gebucht, um glücklicher zu werden!«, knallte ich meiner Lehrerin um die Ohren. »Und das Einzige, was ich hier erlebe, ist, wie viel Shit in mir drin ist!« Was ich noch alles in meiner Wut gesagt habe, wollen Sie nicht wirklich wissen. Fakt ist: Ich hatte gerade angefangen, mich ernsthaft mit Meditation auseinanderzusetzen – und war drauf und dran, sofort wieder hinzuschmeißen.

So wie mir damals geht es vielen Meditationsanfängern. Sie sitzen mit all ihren Hoffnungen auf dem Kissen und konzentrieren sich auf den Atem – voller Erwartung auf dieses Glücksgefühl, von dem alle sprechen. Und nichts dergleichen passiert. Keine Spur von Ruhe oder innerer Gelassenheit.

Stattdessen schweifen die Gedanken ab. Und plötzlich begegnet der Meditierende einer riesigen Ansammlung aus Gedanken, Stimmen, Ängsten, Wut und Trauer. Ein einziger Frust!

Die Enttäuschung kommt, weil die Leute nicht wissen, worauf sie sich einlassen. Wer eine Meditationsklasse besucht, tut das meist, weil er nicht glücklich mit seinem Leben ist. Er oder sie hat zum Beispiel Schwierigkeiten, einen Verlust zu verkraften. Oder der Chef sorgt für Dauerärger. Oder der Sinn ist verloren gegangen. Was auch immer das Leben gerade aus den Fugen geraten lässt, sie wollen alle nur das eine: endlich wieder glücklicher werden. Und weil Gespräche mit Kollegen oder Freunden nicht mehr weiterhelfen, versuchen sie es mal mit Meditation.

Sie haben gehört, dass das so eine Art Wellness sei: dreimal auf die Matte gehen und sich dann wieder gut fühlen. Wie bei einer Massageanwendung oder eine Fango-Packung. Was für ein fulminantes Missverständnis!

Meditation ist zunächst mal nichts anderes als Training! Training für den Geist. Wer bereits Erfahrungen im körperlichen Training gemacht hat, der weiß, dass so eine ernst gemeinte Ertüchtigung harte Arbeit ist. Das trifft auch für geistiges Training zu: Es ist nicht weniger hart. Es ist nur anders.

Grundsätzlich folgen beide zwar demselben Prinzip, dem von *An*spannung und *Ent*spannung. Während Sie Ihren Körper trainieren, indem Sie ihn zunächst bewegen und dann pausieren, also erst anspannen und dann entspannen, ist es beim Geistestraining genau umgekehrt: Sie nehmen erst Spannung raus, halten inne und bringen den Geist zur Ruhe. Und dann lassen Sie ihn sich wieder anspannen.

Neben dem Prinzip von Entspannung und Anspannung hat Meditation noch etwas mit dem körperlichen Training gemeinsam – und das überrascht gerade Einsteiger: Für beides brauchen Sie ein klares Ziel. Kein Sportler motiviert sich mit vagen Hoffnungen nach dem Motto: »Ich schaue mal, ob ich ein bisschen fitter werde.« Nein, der Sportler setzt sich ein konkretes Ziel und arbeitet daran: den Halbmarathon schaffen, beim Treppensteigen nicht mehr so oft Verschnaufen müssen, den Spagat hinkriegen.

Und genauso ist es auch beim Meditieren. Auch das geistige Training ist ein zielgerichteter Prozess. Entgegen den landläufigen Erwartungen ist es aber nicht das Ziel, geistige Ruhe zu erlangen. Oder Glückseligkeit. Oder sich das viel gerühmte Strahlen des Dalai Lamas anzumeditieren. Um es hart zu sagen:

Meditation macht nicht glücklich.

Kann sie auch nicht, denn Meditation beschreibt einen spirituellen Weg. Und was ist das Ziel eines solchen Weges? Es ist so einfach wie kompliziert: Es ist das Jetzt und Hier. Es geht um nicht mehr und nicht weniger als das Erkennen der Realität. Wahrzunehmen, was tatsächlich ist.

Das soll alles sein? Ja, das ist alles. Denn das ist der Hauptgewinn, weil Sie nur im Erkennen des gegenwärtigen Moments sich selbst und Ihre wahre Natur erfahren können. Etwas Erfüllenderes gibt es nicht.

Aber der Weg dorthin ist nicht einfach. Es ist nicht so, dass sich mit jeder Sitzung Ihr bisheriger Blick auf die Dinge kontinuierlich weitet, bis Sie die wahre, allumfassende Sicht haben. Es ist eher andersherum. Je weiter Sie auf Ihrem Weg voranschreiten, desto brüchiger wird Ihr bisheriges Weltbild. Alles, worauf Sie sich bis jetzt so felsenfest verlassen haben, gerät ins Wanken: Ihre Wahrnehmung der Realität und – was noch dramatischere Wirkung hat – Ihr Ich.

Ihr Geist hat Ihnen über die vielen Lebensjahre ein solide wirkendes Konstrukt Ihrer eigenen Identität gezimmert. Er hat in Ihr Ich all das gemischt, was Sie je beschäftigt hat.

Und dieses Ich versucht beständig, das Vergangene erneut zu verwirklichen – denn es besteht ja aus diesen Eindrücken und strebt nach nichts anderem, als sich permanent zu bestätigen.

Dieses Ich hat Ihnen Sicherheit gegeben. Und genau diese Sicherheit müssen Sie aufgeben, wenn Sie das Ziel der Meditation erreichen möchten.

Und das ist wirklich hart, wenn Sie Ihr Ich zum ersten Mal bröckeln spüren. Ich erinnere mich deutlich an diesen Moment vor vielen Jahren:

Es passierte während einer Gruppenmeditation. Ich saß auf einem Stuhl, die Augen geschlossen, auf den Atem konzentriert. Plötzlich nahm ich mehr und mehr wahr: Da saß nicht ich auf diesem Stuhl. Da saß gar kein Ich. Auf diesem Stuhl saß: niemand. Auf diesem Stuhl fand nur noch Sitzen statt. Das Sitzen geschah.

In diesem Moment erlebte ich Grenzenlosigkeit – eine Erfahrung jenseits von Raum und Zeit. Es gab kein Ich, und folglich gab es auch keine Angst mehr. Das waren die ersten Momente völliger Befreiung in meinem Leben. Und zugleich brachten sie eine tiefe Verunsicherung mit sich.

Bald nach dieser Gipfelerfahrung keimte eine große Angst in mir auf. Wie kann ich leben in der Welt von Raum und Zeit, wenn ich mich auflöse, irgendwann vielleicht nicht mehr bin? Ich kann Ihnen versichern, solche Erfahrungen sind für jeden, der sich tiefer der Meditation widmet, hochgradig ambivalent und angsteinflößend.

Viele Meditationsschüler beenden genau an diesem Punkt ihre Praxis. Die Angst ist einfach zu groß. Die Angst ihres Ichs vor der Auflösung. Aber Erlebnisse dieser Art gehören zum Prozess dazu. Tatsächlich sind sie ein Zeichen von Fortschritt.

Denn je weniger Ihr Ich Ihnen die Sicht auf die Realität versperrt, desto besser werden Sie diese wahrnehmen lernen. Sie werden hinter dem dreidimensionalen Raum eine Realität jenseits der Realität der Formen erkennen. Sie werden erfahren, dass es keine Objekte, keine Zeit und keinen Beobachter gibt – dass alles eins ist. Eine Erkenntnis der Realität, die von der modernen Naturwissenschaft seit der Entdeckung der Quantenphysik bestätigt wird.

Auch wenn es für Sie jetzt sehr weit entfernt klingen mag: Wenn es dem Meditierenden gelingt, seinen Ängsten zum Trotz auf dem Weg weiterzugehen, dann »wacht er auf«. Aufwachen meint, dass wir die wahre Natur »unseres« Geistes erkennen. Wobei es diesen, »unseren«, von anderem getrennten Geist gar nicht gibt. Alles ist Geist. Nichts besteht aus sich selbst heraus. Insofern ist alles »leer«, das heißt: nicht existent. Und gleichzeitig ist alles lebendige Energie. Von Moment zu Moment. *Awareness recognizing itself through itself.*

Wenn Sie dieses Level erreicht haben, hören Sie automatisch auf, sich an Dingen festzuhalten. Sie erkennen, dass all das, was im Laufe des Tages passiert, einfach durch Sie hindurchgeht. Nichts bleibt bei Ihnen.

Sei es der leidige Stau auf dem Weg zur Arbeit, der verpasste Flieger vor einem wichtigen Kundentermin, der drohende Jobverlust durch Auftragseinbruch – all das geschieht. Und genauso zieht es auch wieder weiter. Das gilt natürlich gleichermaßen für glückliche Erfahrungen: das Erfolgserlebnis bei dem geschafften Abitur, die Schmetterlinge im Bauch bei der Begegnung mit der großen Liebe, eine grandiose Naturerfahrung und vieles mehr. So wie die unangenehmen Ereignisse vergehen, vergehen auch die angenehmen.

Ob Sie es glauben oder nicht: An all diesen Momenten nicht mehr festhalten zu müssen ist eine große Erleichterung. Das heißt nicht, dass keine schmerzhaften oder glückseligen Gefühle und Gedanken mehr entstehen: Schließlich sind Sie ja noch am Leben. Aber diese Gefühle und Gedanken haben keine existenzielle Dimension mehr. Sie spüren sie, aber Sie werden nicht mehr mitgerissen. Auch die Gefühle und Gedanken gehen durch Sie hindurch.

Damit entsteht eine unglaubliche Gelassenheit. Alles geschieht. Was für eine Befreiung!

Nachwort: Regentropfen

Sein Ursprung liegt hoch oben in den Bergen. Dort nimmt sein Weg den Anfang. Er schlüpft in die Spalten und Ritzen, friert ein, sprengt den Fels, schmilzt und rinnt weiter, bis er an die Erdoberfläche drängt. Er sprudelt und quillt zwischen den Steinen hervor. Frisch und klar gelangt er in den Bach und dann in den Fluss. Und selbst wenn er zum See oder zum Meer wird, verändert er sich nicht wesentlich. Eine Prise Salz wischt an ihm vorbei, aber kaum löst er sich mit der Kraft der Sonne von der Masse und steigt empor, ist er wieder so süß wie vorher. Und während er steigt und steigt, erst zur hellen leichten und dann zur dunklen schweren Wolke wird, bereitet er sich vor, wieder die Gestalt anzunehmen, die er anfangs hatte: die rundlich-ovale Form des Tropfens.

Das Wasser wandert in einem ewigen Kreislauf. Ein Kreislauf, den nichts und niemand stoppen kann. Und so wie das Wasser sich seinen Weg bahnt durch die Erde, durch die Luft, und dabei seine verschiedenen Aggregatzustände immer wieder durchläuft, so durchläuft auch der Mensch in seinem Leben eine Vielzahl an Veränderungen.

Wir werden geboren, wachsen heran, werden selbstständig, verlieben uns, finden unser Herzensprojekt oder suchen es ein Leben lang, streben nach Glück und Erfüllung, erleben diese Momente und durchleiden das Gegenteil. Dabei durchlaufen wir die verschiedensten Phasen der Veränderung, der Entfaltung, der Befreiung. Doch wie mit dem Wasser ist es auch mit uns Menschen: Unsere Substanz selbst bleibt stets die gleiche.

Die Veränderung hört nie auf. Sie ist die einzige Konstante im Leben. Darum: Glauben Sie nicht, dass Sie jemals »ankommen« werden. Im Leben geht es nicht ums Ankommen. Es geht auch nicht darum, ein bestimmtes Ziel zu erreichen. Es geht nur darum, sich der Veränderung, die ohnehin passiert, nicht zu widersetzen. Sondern sie zu umarmen. Sich ihr zuzuwenden.

In dem Moment, in dem Sie das tun, sind Sie präsent. Sie kriegen mit, in welchem Aggregatzustand Sie sich gerade befinden. Und Sie sind im engsten Kontakt mit der Substanz, die sie immer sind und waren.

Wir sind in diesem tiefen Kontakt, dieser Verbundenheit mit uns selbst – unserem Kern – geboren. Im Laufe des Lebens aber verlieren wir ihn, denn wir spalten Teile von uns ab. Die Teile, die wir an uns nicht mögen, nicht lieben oder sogar hassen. Diese Abspaltung ist der einzige Grund für das Leid auf der Erde.

Um den Kontakt zu sich wieder herzustellen und den natürlichen Kreislauf zu begrüßen, gebe ich Ihnen zum Schluss ein kleines Tool zur Hand: das »RAIN-Prinzip«. Mithilfe dieses einfachen Prinzips aus der Meditation lernen Sie, mit jeder herausfordernden Erfahrung umzugehen. Indem Sie RAIN praktizieren, lernen Sie, immer präsenter zu sein. Egal, wo Sie sind und was Sie gerade tun.

R – steht für Recognition (Bewusstheit). Wenn Sie Recognition praktizieren, nehmen Sie mit klarem Bewusstsein wahr, was in diesem Moment um Sie herum und in Ihnen geschieht. Die Bereitschaft, wahrzunehmen, was geschieht, erlaubt Ihnen, ohne Selbsttäuschung in der Realität zu sein.

A – steht für Acceptance (Akzeptanz). Das heißt, Sie akzeptieren die aktuelle Situation inklusive Ihrer Reaktionen darauf als die Erfahrung, die Sie jetzt gerade machen. Wenn wir akzeptieren, was ist, entspannen wir uns und öffnen uns. Schwierigste Situationen und scheinbar unüberwindbare Probleme werden lösbar.

I – steht für Inquiry (Erforschung). Was wir als Erfahrung akzeptieren, können wir näher untersuchen. Durch diese Erforschung unserer inneren Erfahrungen gelangen wir zu einem tieferen Verständnis der äußeren Situation und unserer Erfahrung. Dabei umfasst Erforschung den Verstand ebenso wie die Gefühle und die Körperwahrnehmung. Ganz praktisch fragen Sie sich: »Was löst dieses Ereignis in mir aus?« – »Was veranlasst mich dazu, mich so und so zu fühlen?« So tragen Sie Bewusstsein in den gegenwärtigen Moment hinein, in jedem Moment, von einem Moment zum anderen.

N – steht für Non-Identification (Nicht-Identifikation). In Unterschied zu den ersten drei Schritten können Sie die Non-Identification nicht aktiv herbeiführen. Sie geschieht automatisch, wenn Sie wieder und wieder mit Bewusstheit die gegenwärtige Situation erfahren und erleben, wie Ihre Gedanken und Gefühle kommen und gehen. Das bedeutet: Je weniger Sie sich mit Ihren Erfahrungen, Gedanken und Gefühlen identifizieren, desto größer werden Ihre innere Freiheit und Ihre Handlungsspielräume.

Gehen Sie durch diesen Kreislauf jedes Mal, wenn Ihnen Dinge widerfahren, die Sie aus der Bahn zu werfen drohen oder die Sie einfach traurig, wütend oder verzweifelt machen. Wenn Sie tief eintauchen, werden Sie erkennen, dass Erfahrungen, Gefühle und Gedanken kommen und gehen. Ihnen wird mehr und mehr bewusst, dass Sie nicht Ihre Gefühle und Gedanken sind. Sie erkennen, dass all das, mit dem Sie sich als »Ich« identifizieren, keineswegs stabil und beständig ist. Und irgendwann kommen Sie dann jenseits aller Illusionen, Identifikationen und Veränderungen mit einem Kern in Kontakt, der immer gleich bleibt. Ein Kern jenseits aller Trennung. Ein Kern, der vollkommen ist. Sie sind vollkommen. In Ihnen sind Glück und Frieden. Immer. Überall.

In diesem Sinne wünsche ich Ihnen eine tiefe Erkundung und reiche Erkenntnisse.

Herzlichst,
Ihr Nicholas Pesch